1 Inhaltsangabe und erste Deutungsaspekte

2 Analyse und Interpretation

3 Schnellcheck

4 Prüfungsaufgaben und Lösungen

① Inhaltsangabe und erste Deutungsaspekte

www.klett-lerntraining.de

Die Handlung des Romans

Erster Teil: Die Geschichte einer Liebe

KURZINFO

- Michael Bergs Anfall von Übelkeit als erstes Anzeichen einer beginnenden Gelbsucht. Versorgung des 15-jährigen Jungen durch die 16 Jahre ältere Hanna Schmitz.
- Michaels vergeblicher Versuch des Widerstands gegen Hannas erotische Ausstrahlung, sein überwältigendes Erlebnis der ersten sexuellen Begegnung.
- Beginn ritualisierter täglicher Liebesbegegnungen, Entfremdung vom Elternhaus, Vernachlässigung der Schule, aber ein neues Gefühl der Männlichkeit.
- Michael als Hannas Vorleser seiner Schullektüren. Hannas Zurückhaltung mit Informationen aus ihrer Vergangenheit. Michaels missglückter Besuch bei Hanna in ihrem Berufsfeld als Straßenbahnschaffnerin.
- Dramatisches Ende einer gemeinsamen Fahrradtour in den Osterferien. Hannas brutaler Ausfall gegen Michael, ihre Schläge mit einem Ledergürtel als Reaktion auf eine nicht wahrgenommene Nachricht.
- Heimlicher gemeinsamer Besuch in der Bibliothek des Vaters. Michaels Versetzung. In der neuen Klasse erste Kontakte zu Sophie, einer Mitschülerin.
- Michaels kurzer Blickkontakt mit Hanna während seines Aufenthalts im Kreis seiner Klassenkameraden im Freibad. Hannas plötzliches Verschwinden und Michaels Schuldgefühle. Seine erfolglosen Nachforschungen.

Kapitel 1

Zu Beginn des Romans berichtet der Ich-Erzähler in knapper Form von einer Gelbsuchterkrankung, die ihn als fünfzehnjährigen Jungen im Herbst befällt und von der er sich erst im Frühjahr des darauf folgenden Jahres wieder erholt. Nachdem er sich schon einige Tage schwach gefühlt hat, muss sich der Junge auf dem Heimweg von seiner Schule vor einem auffallend prächtigen Haus in der Bahnhofstraße plötzlich übergeben. Eine Frau nimmt sich seiner an, wäscht seine Hände, sein Gesicht und spült den Gehweg sauber. Sie umarmt den weinenden Jungen, der ihren Körper und ihren Geruch

[handschriftliche Notizen am Rand:] Michael Gelbsucht

Eine plötzliche Erkrankung und der Dank für erwiesene Hilfe

Hanna Schmitz

5

spürt, und sie tröstet ihn. Danach bringt sie ihn nach Hause, wo schließlich ein Arzt seine Krankheit diagnostiziert. Nun, nachdem er wieder zu Kräften gekommen ist, geht er auf Geheiß seiner Mutter mit einem Blumenstrauß in die Bahnhofstraße, um sich bei der Frau für ihre Hilfe zu bedanken.

Kapitel 2

Das Haus in der Bahnhofstraße

Die Erinnerung an die Bahnhofstraße nimmt der Ich-Erzähler zum Anlass, über die Geschichte des Hauses und seine Bedeutung für ihn nachzudenken. Inzwischen ist das alte Haus abgerissen, so wird einleitend berichtet, und ein modernes Apartmenthaus mit wechselnden Geschäften im Erdgeschoss steht heute an seiner Stelle. Reich mit Erkern, Balkonen, Säulen und einem Löwen verziert ist hingegen das alte Haus gewesen, mit sich verjüngenden Stufen ins Treppenhaus. Es hat die Häuserzeile beherrscht und der Junge hat es sich damals im Innern üppig ausgestattet vorgestellt. Ebenso herrschaftlich hat er sich die Menschen ausgemalt, düster jedoch wie die vom Rauch der Züge angedunkelte Fassade.

Das Haus in Träumen des Erzählers

Auch berichtet der Ich-Erzähler, dass dieses Haus ihn in seinen Träumen immer wieder heimsucht. Er sieht es in anderen Städten, in anderen Ländern, was ihn weder befremdet noch daran hindert, eintreten zu wollen. Manchmal taucht es auf dem Land auf, das er mit dem Auto durchfährt, in der Pfalz oder Provence und in der Helligkeit und Hitze verändert sich sein Aussehen. Wenn er hineingehen will, wacht er auf und erinnert sich, dass er diesen Traum schon kennt.

Kapitel 3

Besuch bei Frau Schmitz

Vor dem Haus in der Bahnhofstraße wird der Junge von einem hilfsbereiten Hausbewohner in den dritten Stock zu einer Frau Schmitz geschickt. Das Treppenhaus enttäuscht seine Erwartungen, der vermutete Prunk ist verblasst, der Geruch nach Putzmitteln vermischt sich manchmal mit dem Dunst von Essen und Wäsche. Wenig Erinnerungen verbindet der Ich-Erzähler mit den bei der ersten Begegnung geführten Gesprächen, genauer hingegen beschreibt er die große fensterlose Wohnküche mit Badewanne und Badeofen, das unbenutzte Wohnzimmer mit Blick auf den alten Bahnhof, auf dessen Gelände bereits die Fundamente für Gerichts- und Behördengebäude entstehen. Ruhig und konzentriert bügelt Frau Schmitz ein Wäschestück nach dem andern, auch ihre Unterwäsche, was der Junge irritiert verfolgt. Aus der zeitlichen Distanz heraus beschreibt der Ich-Erzähler Frau Schmitz als einen insgesamt kräftigen, selbstbewussten, herben Frauentyp. Er betont, dass er sie damals schön fand, sich diese Schönheit jetzt aber nicht mehr vergegenwärtigen kann.

Kapitel 4

Als der Junge gehen möchte, will Frau Schmitz ihn ein Stück begleiten. Im Flur wartend, sieht er durch einen Türspalt, wie sie sich die Strümpfe hochstreift und an den Strumpfbändern festmacht, und kann seine Augen nicht mehr abwenden. Verlegenheit überfällt ihn, als er merkt, dass sie seinen genau beobachtenden Blick erspürt. Vor Scham errötend rennt er aus dem Haus. Doch als er in seine vertraute Umgebung zurückkehrt, ärgert er sich über sein kindliches Verhalten. Es beschäftigt ihn, dass er seinen Blick auf ihr ruhen lassen muss, er vergleicht ihren Körper mit dem seiner Mitschülerinnen und schätzt ihr Alter auf etwas über dreißig Jahre. Rückblickend gesteht der Ich-Erzähler, dass die damals erlebte Faszination und Anziehung später durch Strapse und Spitzen nicht mehr wiederholbar gewesen ist. Er erkennt, dass nicht die aufreizende Pose, sondern die Weltvergessenheit und der innere Rhythmus dieser Frau die verführerische Kraft auf ihn ausgeübt haben. Sie sind es, die ihn dazu eingeladen haben, im Innern ihres Körpers Weltvergessenheit zu suchen. Als sich der Junge nach seiner Flucht die gerade erlebte Situation noch einmal vor Augen führt, gerät er erneut in Erregung.

Erotisierung der Beziehung

Verführung durch Weltvergessenheit

Kapitel 5

Eine Woche lang versucht der Junge vergebens, sich abzulenken. Noch darf er nicht wieder in die Schule gehen, entfremdet sich seinen Schulkameraden und ist zur Schonung seiner Gesundheit verpflichtet. Nach einer Woche besucht er Frau Schmitz erneut und steht vor ihrer Tür. Diese Situation benutzt der Erzähler dazu, über die Bedeutung der Krankheit in Kindheit und Ju-

Begierde und Schuldgefühle

gend nachzudenken. Wenn der Kranke in seinem Zimmer isoliert liegt, wachend die verrinnende Zeit erlebt, verzerrt sich die vertraute Umgebung und er verliert sich in ein Labyrinth von Vorstellungen und Wünschen. Einerseits kann sich der Junge von sexuellen Träumen und Fantasien nicht lösen, ja wünscht sie sich auch herbei, andererseits führen sie, bedingt durch seine strenge moralische Erziehung, zu einem schlechten Gewissen. Doch wenn die Vorstellung, so hilft er sich aus dem Dilemma, ebenso schlimm sein solle wie die Handlung selbst, dann entscheidet er sich gleich für die sündige Tat. Aus der Distanz des Schreibenden heraus erkennt der Ich-Erzähler hier ein Muster seines persönlichen Verhaltens: Was immer er sich mit seiner Vernunft zurechtlegt, sein Handeln wird oft von ganz anderen Kräften bewegt.

Kapitel 6

Da Frau Schmitz nicht zu Hause ist, setzt sich der Junge auf die Stufen vor ihrer Eingangstür, hört das Schlagen der Uhr, die Kreissäge des Schreiners und die Geräusche im Haus. Schließlich kommt Frau Schmitz in der Uniform einer Straßenbahnschaffnerin und schickt ihn in den Keller, zwei Schütten Koks zu holen. Beim Füllen der zweiten Schütte gerät der Koksberg in Bewegung und Kohlenstaub überdeckt den Jungen. Frau Schmitz lacht über ihn, redet ihn mit „Jungchen" an und lässt ihm ein Bad einlaufen. Nur zögernd zieht er sich aus, während sie ihm ruhig zusieht und ihn damit verlegen macht. Das warme Bad erregt ihn und während sie ihn mit einem großen Badetuch abtrocknet, bemerkt er, dass auch sie inzwischen nackt ist, und spürt ihren Körper. Als sie ihre Hand auf sein Geschlecht legt und ihm zu verstehen gibt, dass er doch deswegen da sei, ist er überwältigt. Nach anfänglicher Angst gibt er sich ihr hin, erforscht ihren Körper und sie schläft mit ihm. Den lauten Schrei, den der sexuelle Höhepunkt in ihm auslöst, erstickt sie mit ihrer Hand.

Erste sexuelle Begegnung

Kapitel 7

In der Nacht darauf verliebt sich der Junge in die Frau. Vor Sehnsucht und Erregung schläft er schlecht und der Ich-Erzähler gesteht, auch heute noch nach einer Liebes-

Ablösung von der Familie

nacht das Gefühl zu haben, verwöhnt worden zu sein und es entgelten zu müssen. Er erinnert sich an seine Kindheit, als seine Mutter ihn als Vierjährigen vor dem warmen Herd gewaschen und angekleidet hat. Wenn er nun wieder in die Schule geht, so deshalb, weil er sich durch die Liebe verwöhnt fühlt, aber auch, um seine erworbene Männlichkeit zu zeigen. Zunächst muss sich der Junge jedoch vor seiner Familie rechtfertigen, nach seinem Liebesnachmittag erst zum Abendessen nach Hause gekommen zu sein. Er gibt vor, sich auf einem Spaziergang verlaufen zu haben, und handelt sich mit dieser Ausrede den Spott seiner Geschwister ein. Entschlossen und klar teilt der Junge daraufhin mit, dass er wieder zur Schule gehen werde. Die Entscheidung darüber gibt die Mutter an den Vater weiter, der als Professor der Philosophie sich Zeit nimmt, darüber nachzudenken. Hier teilt der Erzähler mit, dass der Junge gelegentlich die Empfindung hat, sein Vater betrachte die Familienmitglieder als unterhaltsame, aber auch lästige Haustiere, und dass sich der Junge einen zentraleren Stellenwert im Leben seines Vaters gewünscht habe. Jetzt, nach seinem ersten sexuellen Erlebnis, verbindet den Jungen mit seiner Familie ein Gefühl der Liebe, aber gleichzeitig auch ein Gefühl des Abschieds. Da unterbricht sein Vater das Schweigen und erteilt dem Vorsatz des Jungen, anderntags wieder in die Schule zu gehen, seine Zustimmung.

Dominanz des Vaters

Kapitel 8

Für die täglichen Liebesbegegnungen schwänzt der Junge die letzte Schulstunde, um zum Mittagessen zu Hause zu sein. Es bilden sich feste Gewohnheiten heraus: Sie beginnen ihr Zusammensein mit einem gründlichen Duschbad, es folgen Liebesspiel und Liebesakt, dann das Ausruhen, währenddessen dem Jungen die Geräusche der Säge, der Handwerker und des Verkehrs in der Bahnhofstraße bewusst werden. Zunächst hat er den Eindruck, dass die Frau von ihm Besitz ergreife und sich mit ihm ihre Lust verschaffe, später gelingt es ihm zunehmend, auch seine eigenen sexuellen Bedürfnisse zu verwirklichen. Am sechsten oder siebten Tag fragt er sie nach ihrem Vornamen, worauf sie irritiert und misstrauisch reagiert. Sie heiße Hanna, sagt sie schließlich

Namentliche Vorstellung

lachend und formuliert die Gegenfrage. Der Junge stellt sich als Michael Berg, Schüler der Untersekunda, vor, wundert sich aber, dass sie seinen Namen auf seinen Schulbüchern und Heften nicht schon längst bemerkt hat. Als er ihr sagt, er wolle sie häufiger sehen, da er wegen seiner Krankheit ohnedies sitzen bleibe, wenn er nicht „wie blöd" arbeite, wirft sie ihn aus dem Bett. Nackt in der Küche stehend spielt sie ihm vor, wie „blöd" das Verkaufen von Fahrscheinen als Straßenbahnschaffnerin ist. Daraufhin verspricht Michael zu arbeiten, wenn er nur weiterhin mit ihr zusammensein könne, zieht sich an und geht, in Gedanken über die Beziehung versunken.

Unterschiedliche Arbeitsauffassung

Kapitel 9
Wenn er an die damalige glückliche Zeit zurückdenkt, befällt Traurigkeit den Ich-Erzähler. Er fragt sich, warum Vergangenes dadurch brüchig werden könne, dass es „häßliche Wahrheiten" verberge. Er zeichnet sich selbst als zu jener Zeit schlaksigen Jungen mit Kassenbrille, Anzüge des Onkel auftragend, als mittelmäßigen Schüler, aber voller Glaube an die Zukunft und sich in seinem Körper wohl fühlend. Hanna beantwortet seine Fragen nach ihrer Vergangenheit und ihren Zukunftsplänen eher unwillig. Michael erfährt, dass sie sechsunddreißig Jahre alt, in Siebenbürgen aufgewachsen ist, bei Siemens gearbeitet hat, „zu den Soldaten geraten" ist und an ihrem jetzigen Beruf als Straßenbahnschaffnerin die Uniform und die Bewegung liebt. Für die Osterferien plant er mit ihr eine Fahrradtour. Nach einem Gespräch über seinen Deutschunterricht äußert Hanna überraschend den Wunsch, er möge ihr aus seinen Schullektüren vorlesen. Zögerlich geht Michael darauf ein, liest aus „Emilia Galotti" und „Kabale und Liebe" und findet in ihr eine aufmerksame Zuhörerin. Von nun an wird das Liebesritual um die Gewohnheit des Vorlesens erweitert.

„Hässliche Wahrheiten" in der Retrospektive

Vorlesen als Ritual

Kapitel 10
Weil er ihre Nähe und Zärtlichkeit sucht, steigt Michael am ersten Tag der Osterferien frühmorgens in eine Straßenbahn, in der Hanna Frühschicht hat. Er wählt den leeren zweiten Wagen, sieht Hanna mit dem Fahrer

Die Machtprobe

plaudern, auch kreuzen sich ihre Blicke, doch seine Erwartung, sie komme zu ihm und wende sich ihm zu, erfüllt sich nicht. Schließlich fühlt er sich aus ihrer Lebenswelt ausgestoßen, verlässt die Straßenbahn und läuft mit den Tränen kämpfend zur Stadt zurück. Mittags erwartet er sie auf ihrer Türschwelle, um die „wie ein böser Traum" auf ihm lastenden Ereignisse aufzuarbeiten. Doch seinen Vorwurf, sie habe getan, als kenne sie ihn nicht, kehrt sie um und hält ihm vor, er seinerseits habe sie nicht kennen wollen. Michael muss die Erfahrung machen, mit seiner Empörung an Hanna nicht heranzukommen. Sie nötigt ihn zu gehen, doch als er kurz darauf wieder bei ihr erscheint, hat er den Eindruck, es sei alles für eine Rückkehr und ein Zusammensein vorbereitet. Der Ich-Erzähler deutet diese Vorfälle als eine entscheidende Machtprobe, die Michael durch seine Kapitulation verloren und die die Art seiner Beziehung zu Hanna entscheidend geprägt habe. Sie habe über ihn triumphiert und er sich unterworfen. Auf Michaels Versuche, sich mit ausführlichen Briefen verständlich zu machen, reagiert Hanna nicht.

Michaels
Niederlage

Kapitel 11

Am Ostermontag brechen Michael und Hanna zu einer viertägigen Fahrradtour auf. Michael hat sein Taschengeld gespart und seine Briefmarkensammlung weit unter Wert verkauft, um für Hanna bezahlen zu können. Hanna hat auf der Karte die Reiseroute nicht mitgeplant, wie sie sich auch jetzt nicht um Wegweiser kümmert, die Auswahl der Gasthöfe, das Ausfüllen der Meldezettel und das Lesen der Speisekarte Michael überlässt. Eines Morgens verlässt Michael das gemeinsame Zimmer, um das Frühstück hochzubringen und einen Blumenladen zu suchen. Er hinterlässt ihr deshalb einen Zettel auf dem Nachttisch, doch als er wiederkommt, steht Hanna wütend im Zimmer und schlägt ihm mit ihrem schmalen Ledergürtel über das Gesicht, so dass seine Lippe platzt. Danach verfällt sie in einen Weinkrampf, von dem sie sich erst dann wieder erholt, als Michael sie in die Arme schließen kann. Bestürzt stellt er fest, dass Hanna keinen Zettel wahrgenommen hat, auch kein Zettel mehr auffindbar ist, Hanna also geglaubt hat, er habe sie verlassen. Ob er damals nicht genauer nach den

Die Fahrradtour

Der brutale
Angriff

Ursachen für Hannas Wut hätte nachforschen müssen, fragt sich der Erzähler rückblickend. Jedoch endet der Zwist in harmonischer Liebe, die eine Veränderung ihrer Sexualität signalisiert. Sie ergreifen jetzt nicht mehr voneinander Besitz, sondern können aufeinander eingehen. Als poetisches Zeugnis für diesen neuen Zustand fügt der Erzähler ein damals entstandenes Gedicht ein.

Kapitel 12

Hanna zu Hause bei Michael

Damit Michael in der letzten Woche der Osterferien allein zu Hause bleiben kann, muss er seine kleine Schwester bestechen. Er stiehlt für sie ein Paar Blue Jeans und einen Nicki. Als er schließlich noch in einem Kaufhaus ein seidenes Nachthemd für Hanna entwendet, wird er entdeckt und kann sich nur durch eine schnelle Flucht retten. Als er Hanna an einem Abend zu sich nach Hause einlädt, betritt sie auch die Bibliothek seines Vaters und fährt mit ihrem Finger langsam die Bücherrücken entlang, ein Bild, an das sich der Erzähler immer wieder erinnert. Ob dies nur die von seinem Vater gelesenen oder auch die von ihm geschriebenen Bücher seien, will Hanna wissen und Michael holt ein Kant- und ein Hegel-Buch seines Vaters hervor. Er liest ihr aus dem Kant-Buch vor, ohne dass einer von ihnen etwas versteht. Auf Hannas Frage, ob Michael später auch einmal solche Bücher schreiben werde, antwortet er, das wisse er nicht. Dann schenkt Michael ihr das seidene Nachthemd und Hanna tanzt vor Freude. Auch dies ist ein eindrückliches Bild, das dem Erzähler von Hanna geblieben ist.

Vor den Büchern des Vaters

Kapitel 13

Die neue Klasse

Mit Beginn des neuen Schuljahrs wird Michael von der Unter- in die Obersekunda versetzt, die alten Klassen werden aufgelöst und von den Mädchen aus den ehemaligen Parallelklassen sind nun einige in seiner neuen Klasse. Im Gegensatz zu seinen Mitschülern weicht er den Mädchen nicht aus, sondern begegnet ihnen gelassen, da er die Frauen zu kennen glaubt. Die trotz aller Konflikte gute Beziehung zu Hanna stärkt sein Selbstbewusstsein. Der Ich-Erzähler ruft sich die Ödnis des neuen Klassenzimmers noch einmal vor Augen, die Wände mit gelber Ölfarbe, die milchigen Kugellampen. Zu Michaels Banknachbarin jenseits des Gangs, zu der braun gebrannten Sophie, entstehen erste Kontakte. Irritiert bemerkt Michael, dass sich bei der Übersetzung der *Odyssee* und der Beschreibung Nausikaas Sophies Bild neben das Hannas schiebt.

Sophie tritt neben Hanna

Kapitel 14

Um das Stadium ihrer Liebesbeziehung zu verdeutlichen, bedient sich der Ich-Erzähler des Bilds eines Flugzeugs, dessen Motoren zwar ausgefallen sind, das aber dennoch nicht gleich abstürzt, sondern in unmerklichem Gleitflug sich dem Boden nähert. Michael liest Hanna Tolstois „Krieg und Frieden" vor, worauf sie zwar mit der gewohnten Spannung, jedoch mit merklicher Zurückhaltung und Scheu reagiert. Als sie beieinander liegen und Hanna, die Michael meist mit „Jungchen" angeredet hat, eine Reihe von Kosenamen für ihn erfindet, fragt sie ihn, woran er denke, wenn sie in seinen Armen liege. Michael erwidert, er denke an ein Pferd. Da kann er ihr Entsetzen nur dadurch beschwichtigen, dass er ihr seine positiven Assoziationen bei dem Gedanken an ein Pferd ausmalt. Häufiger ist Michael jetzt im Schwimmbad, wo sich im Sommer das gesellige Leben seiner Klasse abspielt. Als dort im Juli sein Geburtstag gefeiert wird und er sich von seinen Klassenkameraden und -kameradinnen losreißt, um zu Hanna zu gehen, trifft er sie abgespannt und schlecht gelaunt. Obwohl er es darauf anlegt, stellt sie keine Fragen und es entsteht ein Streit. Trotz aller Verlustangst empfindet er Groll und sehnt sich ins Schwimmbad zurück.

„Gleitflug" der Liebe

Der Vergleich mit einem „Pferd"

Kapitel 15

Er habe Hanna dadurch verraten, so deutet der Ich-Erzähler rückblickend sein damaliges Verhalten, dass er sie verleugnet habe. Verleugnen sei zwar nur eine „unscheinbare Variante des Verrats", doch entziehe es einer Beziehung die Basis. Durch die sommerlichen Treffen im Schwimmbad entstehen freundschaftliche Beziehungen zu einzelnen Klassenkameraden, auch zu seiner Banknachbarin Sophie. Michael verpasst die Gelegenheit, den anderen von Hanna zu erzählen, gleichzeitig spüren seine Freunde aber, dass er etwas verbirgt. Als Michael und Sophie sich nach einem Schwimmbadbe-

Michaels „Verrat"

such vor einem Gewitter schützend unterstellen, fragt sie ihn, was ihm „zu schaffen" mache, ob es seine Gesundheit sei. Michael kann in diesem Zusammenhang nicht von Hanna reden und findet Sophie damit ab, vielleicht später einmal darüber sprechen zu können.

Kapitel 16

Letztes Zusammensein

Was Hanna macht, wenn sie nicht mit Michael zusammen ist oder arbeitet, hat Michael nie erfahren. Seine Fragen habe sie zurückgewiesen oder sei ihnen ausgewichen, so berichtet der Ich-Erzähler rückblickend, er habe lediglich den von ihr bestimmten Platz in ihrem Leben gehabt. Michael weiß nur, dass sie „eigentümlich wahllos" ins Kino geht, nie allerdings mit ihm. Einen Tag vor den großen Ferien trifft er Hanna unverabredet, nachdem sie zuvor tagelang in ihrer Stimmung schwankend, herrisch und wie unter einem quälenden Druck gewirkt hat. Nun scheint sie wieder befreit und sie lieben sich mit einer bisher noch nie empfundenen Intensität. Michael erlebt ihre Hingabe, als wolle sie mit ihm „zusammen ertrinken". Anschließend im Schwimmbad braucht er eine ganze Weile, um sich zwischen seinen Klassenkameraden nicht fremd zu fühlen. Plötzlich blickt er auf und sieht Hanna, die ihn von weitem anschaut. Was sie ins Schwimmbad geführt hat, kann er nicht ahnen, ihrem Gesicht auch nicht entnehmen. Kurz darauf ist Hanna verschwunden, doch ihr Bild mit Shorts und geknoteter Bluse bleibt ihm im Gedächtnis haften, wie der Erzähler anmerkt.

Hanna im Schwimmbad

Kapitel 17

Hannas Verschwinden

Als Michael sie am nächsten Tag besuchen will, ist Hanna nicht mehr da. Von ihrer Bahngesellschaft erfährt er, dass sie nicht zur Arbeit gekommen ist, von der Hausbesitzerin, dass sie am Morgen ausgezogen ist und die Möbel ihr nicht gehört haben. In einem Gespräch mit der Personalabteilung ihrer Bahngesellschaft wird ihm mitgeteilt, Hanna habe sie morgens informiert, dass sie nicht mehr komme, nachdem man ihr vierzehn Tage zuvor angeboten habe, sie als Fahrerin auszubilden. Ohne Angabe eines Wohnsitzes habe sich Hanna nach Hamburg abgemeldet, so lautet die Auskunft des Einwohnermeldeamts. An den folgenden Tagen kämpft Michael mit dauernder Übelkeit, isoliert sich im Schwimmbad von den anderen und leidet unter Schuldgefühlen. Er wirft sich vor, nicht zu ihr gelaufen zu sein, als er sie im Schwimmbad gesehen hat, sie durch seine „Halbherzigkeit" in den vergangenen Monaten verraten zu haben. Sich einzureden, jene Frauengestalt im Schwimmbad sei vielleicht doch nicht Hanna gewesen, gelingt ihm nicht. Zu gewiss ist ihm, dass sie es war.

Michaels Schuldgefühle

Zweiter Teil: Die Täter und ihre Richter – Hannas Prozess

KURZINFO

- Bei Michaels Teilnahme an einem NS-Prozess während seines Jurastudiums Konfrontation mit Hanna Schmitz als einer der Angeklagten. Ihre Vergangenheit als Aufseherin in den Lagern Auschwitz und Krakau. Michaels Erschrecken und seine zunehmende Betäubung während des Prozesses.
- Anklagepunkte: Hannas Auswahl junger Arbeiterinnen im Lager Krakau als Vorleserinnen, anschließend Abschiebung nach Auschwitz in den Tod. Zurücklassen von mehr als hundert gefangenen Frauen in einer brennenden, verschlossenen Kirche. Zeugin der Anklage: die Tochter einer Überlebenden, ihr Buch als Dokument des unmenschlichen Handelns.
- Hannas widersprüchliches Verhalten, ihre Selbstbeschuldigung mit dem Ziel der Kaschierung ihres Analphabetismus.
- Michaels Entdeckung von Hannas Analphabetismus auf einem Spaziergang und rückblickende Deutung der Vergangenheit.
- Seine Erwägung, in den Prozess einzugreifen, darüber eine abstrakte Erörterung mit seinem Vater.
- Michaels Besuch im Konzentrationslager Struthof. Oberflächliches, unverbindliches Gespräch mit dem Vorsitzenden Richter.
- Verurteilung Hannas zu lebenslänglicher Haft.

Kapitel 1

Eine ganze Weile dauert es, bis sich Michael an ein Leben ohne Hanna gewöhnt und die anfänglichen Schuldgefühle ihn nicht mehr quälen. Nach einem halben Jahr zieht seine Familie in einen anderen Stadtteil und die Erinnerung an Hanna begleitet ihn nicht mehr. Die letzten Schuljahre und die ersten Jahre des eher aus Verlegenheit gewählten Jurastudiums stellen sich in der Erinnerung des Ich-Erzählers als glücklich und mühelos dar. Bei genauerem Nachdenken wird ihm jedoch bewusst, dass er die Erinnerung an Hanna zwar „verabschiedet,

Widersprüchliche Erinnerungen

aber nicht bewältigt" hat. Er gewöhnt sich ein überlegenes Verhalten an und lässt sich auf nichts wirklich ein. So endet eine sexuelle Begegnung mit seiner ehemaligen Mitschülerin Sophie glücklos und enttäuschend. Dass er sich damals nicht so gut gefühlt hat, wie es ihm die Erinnerung manchmal vortäuscht, erkennt der Erzähler auch daran, dass seine „Kaltschnäuzigkeit" gleichzeitig von einer verdächtigen „Empfindsamkeit" begleitet wird.

Kapitel 2

Hanna
vor Gericht

Michael sieht Hanna in einem Gerichtssaal wieder. Dazu kommt es, als Michael an einem juristischen Seminar über KZ-Prozesse teilnimmt und in diesem Rahmen eine Gerichtsverhandlung verfolgt, protokolliert und aufarbeitet. Der Ich-Erzähler erinnert sich, wie er und seine Mitstudenten sich damals als die „Avantgarde der Aufarbeitung" begriffen haben, die eine ganze Generation vor Gericht stellt und „zu Scham" verurteilt. Es ist die Generation ihrer Eltern, die in unterschiedlicher Weise in die Geschehnisse der NS-Zeit verstrickt ist, wobei der Erzähler von seinem Vater weiß, dass dieser als Philosophiedozent seines Dienstes enthoben worden ist und sich als Lektor für Wanderkarten durchgeschlagen hat.

Die Generation
der Ankläger

Die Mitglieder des Seminars, von anderen misstrauisch beobachtet, entwickeln bald eine eigene Gruppenidentität und sehen ihre Aufgabe darin, die zutage kommenden Gräueltaten „zur Kenntnis" zu nehmen und mit dem Ziel der Aufklärung und Anklage zu verbreiten. Neugier habe ihn zunächst in dieses Seminar getrieben, gesteht der Erzähler, sein großspuriges Verhalten habe er beibehalten. Doch im Verlauf des Seminars habe er das „gemeinsame Eifern" der anderen geteilt und sich in ihre Gemeinschaft eingebunden gefühlt.

Kapitel 3

Begegnung im
Schwurgerichts-
saal

Ausführlicher schildert der Ich-Erzähler das überraschende Wiedersehen mit Hanna: In „beschwingter Stimmung" fährt Michael mit einem Kommilitonen zum eine Autostunde entfernten Gerichtsort. Im Schwurgerichtssaal sitzt Hanna mit dem Rücken zum Publikum, so erkennt er sie erst, als sie namentlich aufgerufen wird und vor die Richter tritt. Dann erkennt er sie auch an ihrer Gestalt und ihrer Körperhaltung, bleibt währenddessen aber ohne Gefühle. Zu ihrer Person befragt, bestätigt Hanna, am 21. Oktober 1922 geboren zu sein, bei Siemens gearbeitet zu haben und im Herbst 1943 freiwillig zur SS gegangen zu sein, obwohl sie bei Siemens eine Stelle als Vorarbeiterin angeboten bekommen hatte. Sie bekennt sich dazu, bis Frühjahr 1944 in Auschwitz, bis Winter 1944/45 in einem Lager bei Krakau als Aufseherin gearbeitet zu haben. In unterschiedlichen Städten habe sie anschließend gewohnt, acht Jahre in Michaels Heimatstadt. Als Hannas Anwalt schließlich dafür plädiert, seine Mandantin von der Haft zu verschonen, erschrickt Michael. Es wird ihm bewusst, dass er sie nicht in seiner Welt haben will, dass sie für ihn unerreichbar sein soll, damit ihm nur die „bloße Erinnerung" bleibt. Der Richter hält dem Antrag entgegen, dass Hanna auf keine schriftliche Ladung reagiert habe und nicht vor dem Richter erschienen sei. Das Gericht lehnt den Antrag ab.

Hannas Lebensdaten

Michaels Distanz zu Hanna

Kapitel 4

Michael lässt keinen Tag der Gerichtsverhandlung aus. Nur einmal schaut Hanna zu ihm, meist hat sie den Blick auf die Gerichtsbank gerichtet, was hochmütig wirkt. Michael „liest" Hannas Gemütszustand aus den Bewegungen ihres Kopfes, ihres Nackens und ihrer Schultern, eine herabfallende Strähne oder der Anblick eines Muttermals wecken Erinnerungen. Er vergleicht jedoch seine Empfindungen mit der Gefühllosigkeit eines Arms, dem man eine Betäubungsspritze gegeben hat. Auch bei Anwälten, Richtern, Schöffen beobachtet er im Verlauf des Prozesses eine zunehmende Betäubung. Werden am Anfang noch die Berichte des Schreckens erschüttert aufgenommen, entsteht später auch eine Atmosphäre der Normalität, eine Entwicklung, die Michael mit Unbehagen registriert. Der Ich-Erzähler bezeichnet dies als eine „Gemeinsamkeit des Betäubtseins", die sich nicht nur auf Täter und Opfer, sondern auch auf die Prozessteilnehmer legt. Er fragt sich, was seine Generation mit all den Informationen über die Gräueltaten der Judenvernichtung anfangen solle, ob sie in „Entsetzen, Scham und Schuld" verstummen solle, während einige wenige verurteilt und bestraft werden.

Betäubung als Reaktion

Kapitel 5

Die Anklage

In der zweiten Verhandlungswoche wird die Anklage verlesen. Hanna und ihre vier Mitangeklagten sind als Aufseherinnen mit ihren Gefangenen des Krakauer Lagers nach Westen gezogen in einem Transport, den kaum einer überlebt hat. Unter den Gefangenen hatte es lediglich zwei Überlebende gegeben, eine Mutter und ihre Tochter, die über das Lager und den Zug nach Westen ein Buch geschrieben hat. Die Veröffentlichung dieses Buches hat polizeiliche Nachforschungen und schließlich den Prozess zur Folge gehabt und die Autorin ist wichtigste Zeugin. Ein Hauptanklagepunkt gilt den Auswahlprozessen im Krakauer Lager, bei dem nicht mehr einsetzbare Arbeiterinnen nach Auschwitz in den Tod geschickt worden sind. Der zweite Hauptanklagepunkt betrifft den Zug nach Westen gegen Kriegsende. Mehrere hundert gefangene Frauen sind in der Kirche eines Dorfes eingesperrt, als eine Bombe in den Kirchturm einschlägt und die Kirche ausbrennt. Die Aufseherinnen, so die Anklage, hätten die Kirche aufschließen können, haben es aber nicht getan, so dass die eingeschlossenen Frauen verbrannt sind.

Kapitel 6

Hanna verstimmt das Gericht

Die Verhandlung könnte, so die Einschätzung des Erzählers, für Hanna nicht schlechter laufen. Bereits bei der Vernehmung zur Person macht Hanna keinen guten Eindruck auf das Gericht, bei der Verlesung der Anklage weist sie auf Unstimmigkeiten hin. Als der Richter vorschlägt, auf das Verlesen des Buchs der überlebenden Zeugin zu verzichten, da es als Manuskript in deutscher Übersetzung allen vorgelegen habe, muss der Anwalt Hanna zur Zustimmung erst überreden. Dass sie den Schlüssel zur brennenden Kirche in ihrem Besitz gehabt habe, bestreitet sie entgegen früheren Aussagen und behauptet, in mehreren Schlössern der Kirche hätten Schlüssel gesteckt. Hanna widerspricht, wo sie meint, ihr geschehe Unrecht. Was ihr aus ihrer Sicht zu Recht vorgeworfen wird, gibt sie zu. Im Verlauf der Vernehmung schildert Hanna, dass bei der Entscheidung über

Verantwortung für die Rücktransporte

die Rücktransporte nach Auschwitz aus jedem der sechs Zuständigkeitsbereiche zehn Frauen ausgesondert worden seien und dies in Absprache aller Aufseherinnen geschehen sei. Die Frage des Richters, ob ihr klar gewesen sei, dass die ausgesonderten Frauen in den Tod geschickt worden seien, beantwortet sie mit der Gegenfrage, wie er sich denn verhalten hätte. Als er nach einigem Zögern antwortet, es gäbe „Sachen", auf die man sich nicht einlassen dürfe, spüren alle Anwesenden, dass er damit Hannas ernster Frage nicht gerecht wird.

Kapitel 7

Hätte Hanna den Vorsitzenden Richter nicht gegen sich eingenommen und nicht so vieles bereitwillig eingestanden, wäre die Beweislage für die angeklagten Frauen günstig gewesen. Wegen der wenigen Zeugen und der großen Zahl des Lagerpersonals hätte man bestreiten können, dass gerade diese Angeklagten die Auswahl der Opfer vorgenommen hätten. Auch wären die Zeugen in die Gefahr geraten, sich dem Vorwurf auszusetzen, die Gefangenen in der Kirche nicht selbst befreit zu haben. So versuchen die Verteidiger der Mitangeklagten, alle Schuld auf Hanna abzuschieben. Hanna habe, so wird ihr vorgeworfen, junge Mädchen als Schützlinge gehabt, die sie, wenn sie ihrer „überdrüssig" gewesen sei, nach Auschwitz geschickt habe. Die Buchautorin ergänzt, Hanna habe die „jungen, schwachen und zarten" bevorzugt und bei ihrem Abtransport habe es so gewirkt, als hätte sie mit ihnen jeden Abend „ihren Spaß" gehabt. Sie habe aber von einem Mädchen erfahren, dass sie Hanna allabendlich vorgelesen hätten. In diesem Augenblick dreht sich Hanna um und schaut Michael an, der sich inständig wünscht, Hanna möge sich endlich verteidigen und entlasten.

Hanna wird belastet

Mädchen als „Vorleserinnen"

Kapitel 8

Das Buch der überlebenden Zeugin über die Zeit im Lager hat den Prozessteilnehmern in seiner deutschen Fassung nur im Manuskript vorgelegen, so teilt der Ich-Erzähler mit, er selbst hat es in der Übersetzung erst nach dem Prozess lesen können. Als er sich Jahre später wieder damit beschäftigt, spürt er die innere Distanz, die von dem Buch ausgeht, die Betäubung der Autorin und die Nüchternheit der Beschreibung. Ohne sich sicher zu sein, glaubt er, Hanna in einer jungen, schönen Aufseherin von „gewissenhafter Gewissenlosigkeit" wiederzuer-

Das Buch der Zeugin

kennen. Als er erfährt, dass eine Aufseherin aus einem andern Lager „Stute" genannt worden ist, fragt er sich, ob Hanna das gewusst hat, als er sie mit einem Pferd verglichen hat, und deshalb so heftig reagierte. Ausführlich schildert der Ich-Erzähler, gestützt auf das Buch der Zeugin, nun den Zug der Gefangenen nach Westen, bei dem allein durch die Kälte, die unzureichende Kleidung und die körperliche Anstrengung die Hälfte der Frauen stirbt. In der Kirche ungewohnt gut untergebracht und versorgt, schlafen die Frauen, sich in Sicherheit wiegend, schnell ein. Als die Bombe in den Kirchturm einschlägt, stürzen die Trümmer in das Dach und die herunterfallenden brennenden Balken setzen alles in Brand. Den durch das Feuer überraschten Gefangenen bleibt keine Möglichkeit zu überlegtem Handeln. Nur die Autorin und ihre Mutter überleben, weil sie sich, um allein zu sein, auf die Empore der Kirche flüchten, an die Wand pressen und so von dem brennenden Gebälk nicht getroffen werden. Erst zwei Tage später trauen sie sich aus der Kirche, werden von den Dorfbewohnern versorgt und können entkommen.

Tod in der Kirche

Kapitel 9

Ein „Bericht"
als Belastungs-
material

Als der Vorsitzende Richter die Angeklagten fragt, warum sie die Kirche nicht aufgeschlossen hätten, bestreiten sie, die Möglichkeit dazu gehabt zu haben. Dem hält der Richter entgegen, ein aus den Akten der SS stammender Bericht „lese sich anders". Ihm zufolge gehörten die Angeklagten zu jenen Aufseherinnen, die zurückgeblieben seien, um Fluchtversuche der Gefangenen zu verhindern. Der Bericht sei falsch, entgegnen die Angeklagten und eine weist auf Hanna und behauptet, sie habe den Bericht geschrieben. Hanna verteidigt sich: Ein Großteil der Aufseherinnen habe nicht überlebt, ein anderer sich unter einem Vorwand „davongemacht", die wenigen Zurückgebliebenen hätten nicht gewusst, wie sie in den Trupp der Gefangenen „noch mal Ordnung" hätten „reinbringen" und der Fluchtgefahr begegnen können. Michael als Prozessbeobachter muss erleben, wie sich Hannas Lage im Verlauf ihrer Aussagen verschlechtert. Schließlich wird sie beschuldigt, den Bericht selbst geschrieben zu haben. Hanna bestreitet dies zunächst, doch als der Staatsanwalt eine Hand-

Hanna gesteht,
Verfasserin des
Berichts zu sein

schriftenprobe vorschlägt, gesteht sie, dass der Bericht aus ihrer Feder stamme.

Kapitel 10

Wenig Erinnerungen hat der Ich-Erzähler an die Aufarbeitungen der Prozesserfahrungen in den Seminarsitzungen, sehr wohl erinnert er sich an die Sonntage, an lange Fußmärsche durch die Natur mit Blick auf die Rheinebene. Während er, über Hanna nachdenkend, durch die Natur streift, findet er jene Waldstelle wieder, wo ihm zur Zeit des Prozesses bewusst geworden ist, dass Hanna weder lesen noch schreiben kann. Michael hat sich damals in seiner Erinnerung noch einmal alle Situationen vergegenwärtigt, in denen Hannas Verhalten nur dadurch zu erklären ist, dass sie als Analphabetin nicht auffallen will. Ob sie ihre Vorleserinnen etwa deshalb nach Auschwitz geschickt habe, weil sie ihr auf die Spur gekommen seien, so fragt er sich schließlich. So sehr er auch ihre Scham nachempfinden kann, sich bloßzustellen, so wenig könne er verstehen, wenn sie deshalb zur Verbrecherin geworden wäre. Der Erzähler gesteht ein, dass er sich immer wieder eingeredet habe, Hanna sei in alles „hineingeraten", sie habe die Schwachen als Vorleserinnen gewählt, um ihnen die letzten Wochen erträglich zu machen, und sie kämpfe nicht um ihre Interessen, sondern um die Wahrheit. Dass er sich am Tag der Trennung schuldig gefühlt habe, obgleich Hanna beim Verlassen der Stadt ganz andere Erwägungen getrieben haben, berührt ihn „seltsam". Dennoch fühlt er sich schuldig, weil er sie verraten habe, mehr noch, weil er „eine Verbrecherin geliebt hatte".

Michael entdeckt Hannas Analphabetismus

Neue Deutung der Vergangenheit

Kapitel 11

Mit dem Geständnis, sie selbst habe den Bericht geschrieben, macht Hanna es den Mitangeklagten leicht, sie zu beschuldigen und ihr eine Führerrolle beizumessen. Kämpft Hanna anfangs noch, resigniert sie nun, wird wortkarg, steht nicht mehr auf, wenn sie redet. Das Gericht habe genug von dieser „Sache", so deutet der Ich-Erzähler die Stimmung. Aber auch er selbst, vom „Zuschauer" zum „Teilnehmer" geworden, ermüdet. Er fragt sich, ob er etwas tun solle, ob er zum Vorsitzenden Richter gehen und ihn über Hannas Analphabe-

Michael erwägt einzugreifen

tismus informieren solle. Dem steht Hannas Haltung entgegen, die nicht für ein paar Gefängnisjahre weniger eine „Bloßstellung als Analphabetin" in Kauf nehmen will. Ob man jemanden retten dürfe, der sich aus Scham, eine vermeintliche Schwäche zu offenbaren, absichtlich in sein Verderben stürze, über dieses Problem hat Michael damals mit seinen Freunden zu reden versucht.

Kapitel 12

Gespräch
mit dem Vater

Reden möchte Michael auch mit seinem Vater, obgleich er ihn als verschlossen und ohne Zugang zu seinen Gefühlen und zu denen seiner Kinder erlebt. Er sucht in seinem Vater den distanzierten Moralphilosophen, legt Wert auf eine abstrakte Erörterung. Ähnlich wie die im Korridor wartenden Studenten seines Vaters, an die sich der Erzähler erinnert, muss auch Michael sich einen Termin geben lassen, ehe er in das Arbeitszimmer des Vaters, ein von der Außenwelt abgegrenztes „Gehäuse", eintreten darf. In breiter, belehrender Rede vertritt der Vater die Ansicht, man habe die Würde und Freiheit des Menschen zu achten und dürfe nicht das, was man für gut halte über das setzen, was der andere für sich für gut halte, auch dann nicht, wenn er mit dem Ratschlag später glücklicher sein werde. Rückblickend denkt der Ich-Erzähler gern an dieses Gespräch, weil er daraus das erleichternde Fazit ziehen konnte, nicht mit dem Richter reden zu dürfen. Wenn man für einen anderen Menschen Verantwortung trage, müsse man allerdings handeln, so ergänzt der Vater seine Ausführungen, das heiße jedoch mit ihm selbst reden, „nicht hinter seinem Rücken mit jemand anderem". Dies wirft für Michael zahllose Fragen auf, da er nicht weiß, wie er Hanna „gegenübertreten" soll. Sein Vater beendet die Unterredung mit der Einladung, er könne jederzeit wieder zu ihm kommen. Michael glaubt ihm nicht, nickt aber zum Abschied.

Plädoyer
für Würde und
Freiheit

Kapitel 13

Zur Vernehmung einer Zeugin fliegt das Gericht im Juni für zwei Wochen nach Israel, Arbeit und Tourismus, wie Michael meint, „bizarr" verbindend. Michael möchte die Zeit für sein Studium aufwenden, doch es fehlt ihm an Konzentration. Immer wieder steigen Bilder in ihm auf: Er sieht Hanna als gnadenlose Aufseherin, die sich vorlesen lässt, ehe sie die Opfer nach Auschwitz in den Tod schickt, die mit harten Gesichtszügen Kommandos schreit und Angst verbreitet, sieht Hanna neben der brennenden Kirche. Daneben stellen sich auch andere Bilder ein: Szenen aus der Zeit ihrer Liebe tauchen auf, wobei sich manchmal auch die Bilder überlagern und die grausame Hanna ihn zu seinem eigenen Entsetzen sexuell erregt. Schließlich fällt dem Erzähler auf, wie wenig Anschauung es damals von den Gräueln der Konzentrationslager gegeben hat, wie hingegen heute die Fantasie durch zahllose Bücher, Fernsehserien und Spielfilme beherrscht wird.

Michaels Fantasien

Kapitel 14

Um „die Klischees mit der Wirklichkeit" auszutreiben, trampt Michael zum nahe gelegenen Konzentrationslager Struthof ins Elsass. Hinter Straßburg gerät er an einen Autofahrer mittleren Alters, der ihn in ein Gespräch verwickelt und von ihm wissen will, warum er Struthof besucht. Er unterstellt Michael, verstehen zu wollen, aus welchen Motiven heraus Menschen in den Konzentrationslagern gemordet hätten, und versucht, ihn durch seine Argumentation zu provozieren. Einem Henker vergleichbar hätten die Verbrecher nur ihre Arbeit verrichtet, die Opfer seien ihnen gleichgültig gewesen. Er habe einmal eine Fotografie gesehen, erzählt er dem zunächst noch empörten und hilflosen Michael weiter, auf der eine Erschießung von Juden in Russland festgehalten sei. Während die Juden nackt in einer Reihe vor Soldaten mit Gewehren gestanden hätten, sei ein Offizier rauchend, etwas verdrießlich, aber auch zufrieden auf einem Mauersims gesessen und habe die Beine baumeln lassen. Ob er das gewesen sei, fragt ihn Michael unvermittelt. Erregt hält der Autofahrer an und bedeutet Michael auszusteigen.

Fahrt zum Lager Struthof

Kapitel 15

„Unlängst", so teilt der Ich-Erzähler mit, ist er an einem kalten Wintertag wieder nach Struthof gefahren. Doch unter einer „glitzernden Schneedecke" ist das Lager kaum noch zu erkennen, auch ist es geschlossen und er kann es nur von außen einsehen. Erinnerungen an sei-

Zweiter Besuch in Struthof

nen ersten Besuch werden wach: Damals ist er zwischen den Grundmauern der Baracken durchgegangen, hat auch die Krematoriumsöfen besichtigt, doch der Versuch, sich „das Leiden konkret vorzustellen", ist misslungen. Jetzt fährt er zurück und besucht zum Mittagessen in einem Vogesendorf das Restaurant „Au Petit Garçon", was ihn an den Ausdruck „Jungchen" erinnert, mit dem ihn Hanna immer angeredet hat. Wieder blickt der Erzähler auf den ersten Besuch in Struthof zurück: Da ist er auf einem Lastwagen ins nächste Dorf mitgenommen worden und hat dort in einem Gasthof übernachtet. Als in der Gaststube ein alter Mann mit einem Holzbein belästigt wird, mischt sich Michael ein, provoziert aber nur den Spott aller Anwesenden. Die darauf folgende Nacht ist kalt und stürmisch, er zittert vor Unruhe und Angst, die sich als „körperliche Befindlichkeit" manifestiert. Michael hat Hannas Verbrechen zugleich verstehen und verurteilen wollen und muss erfahren, dass das nicht geht. Der Welt der Konzentrationslager ist er nicht näher gerückt.

Kapitel 16

Michael sucht schließlich doch den Vorsitzenden Richter auf. Mit Hanna kann er nicht reden: Für sie, so meint er, sei er nur der „kleine Vorleser" und „Beischläfer" gewesen und er fragt sich, ob sie ihn wohl auch „ins Gas geschickt" hätte, um ihn loszuwerden. Dennoch bildet er sich ein, Gerechtigkeit für Hanna erwirken zu müssen, wenn auch das eigentliche Motiv seines Handelns, wie er sich eingesteht, nur darin besteht, Hanna nicht in Ruhe lassen zu können. Der Vorsitzende Richter verhält sich entspannt und ungezwungen, plaudert mit Michael über Studienfragen, erzählt von seiner eigenen Ausbildung und betont abschließend, auch weiterhin mit Ratschlägen zur Verfügung zu stehen. Auf der Rückreise im Bummelzug spürt Michael, wie sich die gefühlsmäßige Bindung zu Hanna löst. Eine Betäubung legt sich auf die „Gefühle und Gedanken der letzten Wochen" und er kann sich wieder seinem Alltag zuwenden.

Kapitel 17

Das Urteil wird Ende Juni verkündet, Hanna erhält lebenslänglich. Sie ist mit einem schwarzen Kostüm und

einer weißen Bluse bekleidet, was in dem mit Besu-
chern gefüllten und in gespannter Stille verharrenden
Gerichtssaal für Empörung sorgt. Es wirkt so, als trage
Hanna eine Uniform wie die, in der sie für die SS gearbeitet hat, und die Besucher fühlen sich verhöhnt. Ruhe
tritt erst wieder ein, als das Gericht den Saal betritt.
Nach der Verlesung des Urteils verlässt Hanna, ohne Michael anzuschauen, den Gerichtssaal mit einem „hoch-
mütigen, verletzten, verlorenen und unendlich müden
Blick".

Dritter Teil: Michaels Rückzug – Hannas Alphabetisierung

- Michaels Konzentration auf sein Jurastudium, seine Erkrankung bei einem Skiurlaub. Nach der Genesung die Lösung seiner im Verlauf des Prozesses erlebten Betäubung der Gefühle.
- Michaels Ehe mit einer Mitreferendarin scheitert. Zu starke Dominanz seiner Erinnerungen an Hanna. Arbeit bei einem Professor für Rechtsgeschichte mit dem Schwerpunkt „Recht im Dritten Reich".
- Mit Homers *Odyssee* neuer Beginn von Michaels Vorlesetätigkeit. Aufnahme auf Tonkassetten und Versand an Hanna.
- Nach vier Jahren Hannas erste Dankesworte in verkrampfter, dann aber flüssigerer Schrift.
- Hannas Gnadengesuch und wahrscheinlich baldige Entlassung.
- Michaels Gefängnisbesuch und voreilig beendetes Treffen mit Hanna. Innere Beunruhigung, Einrichtung einer Wohnung für Hanna.
- Hannas Tod durch Erhängen am Morgen des Entlassungstages. Michaels Besuch in ihrer Zelle, sein Eintauchen in ihre Welt. Sein Auftrag: Übergabe von Hannas Ersparnissen an die einzige Überlebende des Kirchenbrands und Zeugin im Prozess.
- Michaels Besuch bei der Tochter in New York, ihre Verweigerung einer Absolution für Hanna, ihre Rückgabe des Auftrags an Michael.
- Rückblick des Ich-Erzählers Michael auf die seitdem vergangenen zehn Jahre und seinen Schreibprozess. Überweisung des Geldes an einen jüdischen Bund gegen Analphabetismus, einmaliger Besuch von Hannas Grab.

Kapitel 1

Nach dem Prozess stürzt sich Michael in seine Arbeit,
verbringt die Wochentage im Lesesaal der Universitäts-
bibliothek, die Wochenenden in einem gemieteten Zimmer. In den Weihnachtsferien jedoch geht er mit einer

Flucht-
bewegungen

Studentengruppe Skifahren und ohne je die Kälte zu spüren fährt er zum Erstaunen der anderen nur im Hemd, bis er mit hohem Fieber in ein Krankenhaus muss. Mit der Genesung, so seine Deutung, löst sich auch seine innere Betäubung und er wird für die während des zurückliegenden Prozesses durchlebten Gefühle wieder empfänglich. Nach Studienende und Beginn des Referendariats kommt der Sommer der Studentenbewegung. Michael erfasst zwar die Geschehnisse an der Universität, bleibt aber in Distanz zu den Studenten. Die Aufarbeitung des Nationalsozialismus, so reflektiert der Ich-Erzähler, sei nicht der Grund, sondern der Ausdruck des Generationenkonflikts gewesen. Wie könnten Eltern, die selbst in den Nationalsozialismus verstrickt waren, ihren Kindern etwas sagen? Für Michaels Generation sei Kollektivschuld eine „erlebte Realität". Zwar setze der „Fingerzeig auf die Schuldigen" aggressive Energien frei, doch verbietet sich für Michael eine solche Geste. Wenn, dann hätte er auf Hanna zeigen müssen, doch dies hätte auf ihn zurückgewiesen, da er Hanna geliebt und gewählt habe. So beneidet Michael die Studenten, die sich von ihren Eltern abgrenzen können, wenn er sich auch nach der Berechtigung fragt, mit der sie selbstgerecht auftrumpfen.

Distanz zu den Studentenunruhen

Kapitel 2

Eheschließung und Trennung

Während der Referendarszeit heiratet Michael seine Mitreferendarin Gertrud, als sie von ihm ein Kind erwartet. Aber nicht allein das Leben in einer Neubauwohnung in einem Vorort lässt ihn unbefriedigt. Michael kommt nicht davon los, Gertrud mit Hanna zu vergleichen und so zu erfahren, dass sie „sich falsch anfaßt und anfühlt, daß sie falsch riecht und schmeckt". Sie lassen sich scheiden, als ihre Tochter Julia fünf Jahre alt ist, und trennen sich in vernünftigem Einverständnis. Allerdings schmerzt es Michael zu sehen, wie Julia unter den Folgen der Trennung leidet. Spätere Frauenbeziehungen geht Michael bewusster ein, versucht auch bei seiner Wahl, sich an Hanna zu orientieren. Er erzählt den Frauen von seiner Vergangenheit, macht aber die Erfahrung, dass er nur auf wenig Verständnis und echte Anteilnahme stößt.

Kapitel 3

Während Michaels zweitem Staatsexamen stirbt der Professor, der das Seminar über KZ-Prozesse veranstaltet hat. Obwohl Michael eigentlich nicht an Hannas Prozess erinnert werden will, fährt er doch mit der Straßenbahn zum Bergfriedhof. Sehr genau nimmt er wahr, wie sich die Straßenbahnwagen und die Aufgaben des Schaffners seit seiner Zeit mit Hanna verändert haben. Bei der Beerdigung trifft er einen ehemaligen Teilnehmer des Seminars, der ihn manchmal im Auto mitgenommen hat. Auf dessen Frage, warum Michael den Prozess jeden Tag verfolgt und warum er jene „ganz passabel" aussehende Angeklagte immer „angestarrt" habe, antwortet er ausweichend. Ehe der ehemalige Kommilitone noch einmal nachfragen kann, gelingt es Michael, in eine gerade anfahrende Straßenbahn zu springen.

Begegnung mit der Vergangenheit

Kapitel 4

Während Gertrud eine Stelle als Richterin annimmt, lässt sich Michael mit seiner Berufswahl Zeit, da er keine der Juristenrollen, die er im Prozess gegen Hanna erlebt hat, überzeugend findet. Schließlich arbeitet er bei einem Professor für Rechtsgeschichte, was Gertrud als eine Flucht vor dem Leben deutet. Doch Michaels Forschungsschwerpunkt ist das Recht im Dritten Reich, ein Gebiet, in dem, wie Michael meint, „Vergangenheit und Gegenwart in eine Lebenswirklichkeit zusammenschießen". Die Beschäftigung mit der Rechtsgeschichte, so bekennt der Ich-Erzähler, sei auch schon vorher für ihn befriedigend gewesen, als er über die Gesetzeswerke der Aufklärung gearbeitet habe. Zu erkennen, dass der Glaube an eine gute Ordnung hinter den menschlichen Bemühungen gestanden habe, habe ihn beglückt. Später sei ihm klar geworden, dass „Erschütterungen, Verwirrungen und Verblendungen" von edlen Zielen ablenkten und Neuanfänge nötig machten. Auch die *Odyssee*, die Michael nun erneut liest, ist für den Erzähler die „Geschichte einer Bewegung" die „zugleich zielgerichtet und ziellos, erfolgreich und vergeblich" ist.

Zuflucht zur Rechtsgeschichte

Kapitel 5

Die *Odyssee* zu lesen beginnt Michael in den schlaflosen Nächten seiner Trennung von Gertrud. Da Hanna ohne-

Michael liest auf Kassette

dies sein Leben dominiert, liest er den Text auf Kassetten. Weitere Texte, Erzählungen von Schnitzler und Tschechow, schließt er an, findet Hannas Gefängnisadresse heraus und schickt ihr die Kassetten zusammen mit einem Kassettengerät. Erst neulich habe der Erzähler, so teilt er mit, das Heft gefunden, in dem er alle Aufnahmen, beginnend im achten Jahr von Hannas Haft und endend im achtzehnten, dem Jahr ihrer Begnadigung, registriert hat. Auch ihm schon vertraute Autoren liest er ihr vor, nicht aber experimentelle Literatur, in der man die Geschichte nicht erkenne und die Personen nicht möge. Als Michael zu schreiben beginnt, liest er ihr auch eigene Texte vor. Hanna wird für ihn zu einer „Instanz", vor der er alle seine „Kräfte", seine „Kreativität" und seine „kritische Phantasie" bündelt. Zusätzliche persönliche Bemerkungen macht er nicht.

Kapitel 6

Hanna lernt
schreiben

Nach vier Jahren erhält Michael von Hanna einige Worte des Lobs und des Dankes. Die Schrift auf der Schulheftseite lässt erkennen, wie gewaltsam und mühselig der Kugelschreiber geführt worden ist. Michael empfindet „Freude und Jubel" darüber, dass Hanna den Schritt aus der „Unmündigkeit zur Mündigkeit" vollzogen hat. Dass diese Entwicklung allerdings erst so spät erfolgen konnte, ist für ihn auch ein Anlass zur Trauer. Es folgen weitere Mitteilungen, teils Anmerkungen zu den gehörten Texten, teils Wahrnehmungen ihrer Umwelt. Michael hingegen beschränkt sich auf das Vorlesen als seine Art des Sprechens. Allmählich werden Hannas Schriftzüge leichter und sicherer, nicht aber flüssig.

Kapitel 7

Brief der
Gefängnisleiterin

Michael hat den Kontakt mit Hanna als bequem hingenommen und sich über ihre Entlassung bisher keine Gedanken gemacht. Da erreicht ihn ein Brief der Gefängnisleiterin. Sie teilt ihm mit, er sei Hannas einzige Kontaktperson außerhalb des Gefängnisses und Hanna werde im nächsten Jahr ein Gnadengesuch stellen, dem nach achtzehn Jahren Haft sicherlich stattgegeben werde. Zwar komme Frau Schmitz auch allein zurecht, doch wäre es sinnvoll, für sie eine Wohnung und Arbeit zu besorgen und ihr bei der Eingliederung in die Gesellschaft zu helfen. Schließlich legt sie Michael nahe, Hanna zu besuchen und auch bei ihr, der Gefängnisleiterin, vorbeizuschauen. Michael findet für Hanna zwar eine Einliegerwohnung bei Freunden und eine Stelle bei einem griechischen Schneider, schiebt aber den Besuch ein Jahr vor sich her. Zu sehr fürchtet er, „die kleine, leichte, geborgene Welt der Grüße und Kassetten" könne eine solche Nähe nicht aushalten. Doch dann ruft ihn die Gefängnisleiterin an und bittet ihn zu einem Gespräch, da Hanna in einer Woche entlassen werde.

Kapitel 8

Michael besucht zum ersten Mal ein Gefängnis und entdeckt einen neuen, hellen Bau mit einer „belebten" Wiese dahinter. Dort sitzt Hanna, sichtlich gealtert, auf einer Bank. Die Erwartung lässt ihr Gesicht noch einmal „aufglänzen", doch dann wirkt es erlöscht und müde. Sie sagt Michael, er sei groß geworden, redet ihn jedoch weiterhin mit „Jungchen" an und nimmt seine Hand. Die Nähe zu Hanna belebt die Erinnerung an die unterschiedlichen Düfte ihres Körpers, insbesondere den für sie typischen „schweren, dunklen, herben Geruch". Jetzt sitzt Michael neben ihr und riecht „eine alte Frau". Sie tauschen einige Freundlichkeiten aus und als Hanna die Befürchtung äußert, mit dem Vorlesen sei jetzt Schluss, antwortet Michael ausweichend. Es wird ihm aber deutlich, dass er Hanna in seinem Leben lediglich „eine kleine Nische zugebilligt" habe. Auf Michaels Frage, ob sie bei ihrem Zusammensein nie an ihre Vergangenheit gedacht habe, antwortet sie, es habe sie nie jemand verstanden, so könne auch niemand Rechenschaft von ihr fordern, nur die Toten, und die hätten sie im Gefängnis jede Nacht heimgesucht. Michael erzählt noch von seiner gescheiterten Ehe, verspricht Hanna, sie „ganz still" abzuholen, und trennt sich von ihr, noch ehe sie das Gefängnisgebäude wieder erreicht haben.

Besuch im Gefängnis

Frage nach Hannas Vergangenheit

Kapitel 9

In der folgenden Woche arbeitet Michael an einem Vortrag, doch ist er mit seiner Arbeitsweise und den Ergebnissen wenig zufrieden, leidet an Unruhe und Schlafstörungen. Gleichzeitig richtet er Hannas Wohnung ein, informiert sich über Bildungsangebote, tut aber auch

Letzter Kontakt mit Hanna

dies alles „eigentümlich gehetzt und verbissen". Zwar versucht er alle Gedanken an Hanna abzuwehren, doch manchmal überkommen ihn die Erinnerungen, die Schuldgefühle und überdies die Empörung über seine Schuldgefühle. Am Tag vor der Entlassung telefoniert er noch einmal mit der Gefängnisleiterin und mit Hanna über den Verlauf des kommenden Tages. Sie entgegnet ihm, er sei „immer noch ein großer Planer", was in ihm ärgerliche Gefühle weckt. Hat er Hanna auf der Bank des Gefängnisses als alte Frau erlebt, so entdeckt er nun, dass ihre Stimme „ganz jung geblieben" ist.

Kapitel 10

Hannas
Selbstmord

Hanna erhängt sich am nächsten Morgen bei Tagesanbruch. Die Gefängnisleiterin fragt Michael, ob er etwas geahnt habe, woher sie sich gekannt hätten und wie Michael gewusst habe, dass Hanna Analphabetin gewesen sei. Doch Michael antwortet ausweichend oder nur durch Schulterzucken. In Hannas Zelle entdeckt er unter ihren Büchern auch Dokumentarberichte und wissenschaftliche Literatur über Konzentrationslager und erfährt, dass Hanna nach den Büchern bibliografisch gesucht und sie mit Bedacht bestellt habe. Zwischen den an

Hannas Welt
in der Zelle

die Wand gehängten Naturgedichten und Naturbildern findet er auch ein Pressefoto, das ihn selbst zeigt, wie er bei seiner Abiturfeier einen Preis überreicht bekommt. Hanna habe sich, so erfährt Michael weiter, die Bücher besorgen lassen, die er ihr auf Kassetten geschickt hatte, und habe dann Text und Ton wort- und satzweise verglichen. Schließlich beauftragt Hanna Michael in einem Abschiedsbrief, die Geldsummen in ihrer Teedose und auf ihrem Sparkonto jener Tochter zu übergeben, die mit ihrer Mutter den Brand in der Kirche überlebt habe. Hanna soll im Gefängnis klösterlich-meditativ gelebt und hohes Ansehen genossen haben, bis sie sich vor einigen Jahren in sich selbst zurückgezogen und äußerlich vernachlässigt habe. Dass sie über die Motive ihres Selbstmords nichts geschrieben hat und dass Michael über die Art ihrer Beziehung nichts verrät, löst bei der Gefängnisleiterin Unmut aus. Doch dann gehen beide in die Krankenstation, Michael erblickt die tote Hanna und als er ihr lange ins Gesicht schaut, scheint „im toten Gesicht das lebende auf, im alten das junge".

Kapitel 11

Im folgenden Herbst nutzt Michael eine Tagung in Boston dazu, die überlebende Tochter in New York zu besuchen. Im Zug nach New York nimmt er die farbige Herbstlandschaft auf, es entstehen Traumbilder von Hanna, von einer Zukunft mit ihr und es wächst noch einmal Michaels Sehnsucht nach ihr, eine „Sehnsucht danach, nach Hause zu kommen". In einem Reihenhaus nahe dem Central Park übermittelt er der Tochter beim Tee seinen Auftrag. Als sie es ablehnt, Hanna nachträglich die „Absolution" zu gewähren, nimmt das Gespräch eine persönlichere Wendung. Michael vertraut ihr an, Hannas Vorleser gewesen zu sein, offenbart Hannas Analphabetismus und seine frühere Beziehung zu ihr. Dass Hanna auch sein Leben damit belastet habe, ist für die Tochter ein weiteres Anzeichen von deren Brutalität. Schließlich lässt sie Michael darüber verfügen, wie Hannas Gelder sinnvoll anzulegen seien. Michael schlägt vor, sie einer jüdischen Stiftung gegen den Analphabetismus zu übergeben. Lediglich die Teedose behält die Tochter für sich, eine ähnliche war ihr damals im Lager gestohlen worden.

Besuch in New York

Michael erfüllt Hannas Auftrag

Kapitel 12

Abschließend blickt der Erzähler auf die inzwischen vergangenen zehn Jahre zurück. In den Jahren nach Hannas Tod habe er sich immer wieder quälende Fragen nach seiner Schuld gegenüber Hanna, seiner Schuld durch die Liebe zu ihr und nach der Verantwortung für ihren Freitod gestellt. In diese Zeit sei der Vorsatz gefallen, ihre Geschichte niederzuschreiben. Unter den vielen Versionen, die er im Kopf bewegt habe, sei nur eine gewesen, die geschrieben werden wollte und die deshalb die Gewähr dafür biete, „die richtige" zu sein. Nicht erfolgreich sei der Versuch gewesen, die Geschichte schreibend loswerden oder zurückholen zu wollen. Erst als er sich mit ihr versöhnt habe, sei sie zu ihm zurückgekommen, „rund, geschlossen und gerichtet". Nur manchmal noch kommen Verletzungen, Schuldgefühle, Sehnsucht und Heimweh in ihm hoch. Hannas Geld hat Michael der Jewish League Against Illiteracy überwiesen. Mit dem Dankesbrief fährt er zu Hannas Grab. Es ist der einzige Besuch ihres Grabes.

Reflexion über den Schreibvorgang

② Analyse und Interpretation

Die Personen

Michael Berg

> **KURZINFO**
>
> - Drittältestes von vier Kindern, bildungsbürgerliches Elternhaus, Vater Philosophieprofessor.
> - Zu lange Arme, ungeschickte Bewegungen, struppige Haare, billige Brille, statt Jeans Anzüge des Onkels.
> - Konflikt zwischen erotischen Bedürfnissen und moralischen Werten, zwischen Denken und Handeln.
> - Gewinn an Selbstsicherheit durch Sexualität mit Hanna Schmitz, gleichzeitig Abhängigkeit und Isolation. Hannas Übernahme der Mutterrolle in Michaels Gefühlswelt.
> - Zunehmende Anpassung an Hanna, Zurücknahme eigener Bedürfnisse bis zur Kapitulation und ausgeprägte Trennungsangst. Andererseits außergewöhnliche Intelligenz und Ausdauer.
> - Nach Hannas Verschwinden lang anhaltende Schuldgefühle. Nach außen zur Schau getragene Großspurigkeit und Kälte.
> - Während Hannas Prozess zunächst Gefühllosigkeit und Betäubung, dann nach Erkenntnis von Hannas Analphabetismus Bedürfnis zu handeln.
> - Vorlesen auf Tonkassetten als Zuwendung zu Hanna ohne wirkliche Auseinandersetzung mit ihr.
> - Bearbeitung seiner Verletzungen und Gewinn inneren Friedens. Nach zeitlicher Distanz Niederschrift der Lebensgeschichte.

Michaels Einführung

Mit dem lakonischen Satz „Als ich fünfzehn war, hatte ich Gelbsucht" (S. 5) beginnt der Ich-Erzähler den Bericht über die entscheidenden Ereignisse seiner Jugendzeit. Damit wird Michael Berg, erst später erfährt der Leser seinen Namen, in einer Situation zunehmender Schwäche eingeführt: Er muss sich auf seinem Schulweg übergeben, bedarf der Hilfe und wird von einer schon etwas älteren Frau beruhigt und nach Hause gebracht. Nicht genug der demütigenden Schwächung, die ihn für Monate ans Bett fesselt, gleichzeitig muss er noch die Scham ertragen, die das Versagen seines Körpers ihm bereitet.

Erscheinungsbild

Über die äußere Erscheinung des fünfzehnjährigen Gymnasiasten erfahren wir wenig: Die zu langen Arme und Beine führen zu etwas schlaksigen Bewegungen, seine Haare sind zerzaust und struppig, als Brille ziert ihn ein „billiges Kassenmodell" (S. 39). Die eleganten Anzüge und Schuhe eines reichen Onkels muss er auftragen, was Ende der fünfziger Jahre nichts Außergewöhnliches ist, wenn auch der Geschmack seiner jüngeren Schwester bereits zu Blue Jeans und Nickipullover neigt. Als Schüler besucht er die der heutigen Klasse zehn entsprechende Untersekunda, fühlt sich von den meisten Lehrern „nicht recht wahrgenommen" (S. 39) und gehört auch nicht zu den Schülern, die in der Klasse den Ton angeben. In seiner Familie ist Michael das dritte von vier Kindern: Mit seinem älteren Bruder teilt er das Zimmer und nach einer langen Zeit körperlicher Auseinandersetzungen verbindet beide nun eine nur noch verbal ausgetragene Rivalität. Im Unterschied zur jüngeren Schwester, die er als „klein" und „frech" (S. 31) erlebt, die ihn erpresst und zum Diebstahl nötigt, ist seine ältere Schwester, bereits Studentin der Germanistik, eher eine Person seines Vertrauens. Der soziale Status der Familie definiert sich über den Vater, der als Professor der Philosophie für einen bildungsbürgerlichen Lebenszuschnitt sorgt. Man bewohnt den zweiten Stock eines um die Jahrhundertwende gebauten, „wuchtigen" (S. 5) Hauses in der Blumenstraße. Die „offene Flügeltür zwischen Eß- und Wohnzimmer" (S. 60), die Möglichkeit, „von Zimmer zu Zimmer" (ebd.) schreiten zu können, verweisen ebenso auf Repräsentation wie die Biedermeiermöbel, der Flügel und die Bücherwände im Arbeitszimmer des Vaters.

Vor diesem bildungsbürgerlichen Hintergrund hebt sich Michaels Unsicherheit im Umgang mit seinen Gefühlen und den ihm vermittelten moralischen Werten auffällig ab. Niemand anders als seine Mutter nötigt den von seiner langwierigen Krankheit geschwächten und aus den Alltagbezügen herausgerissenen Sohn, sich mit einem Blumenstrauß bei jener Frau zu bedanken, die Zeugin seines gesundheitlichen Zusammenbruchs geworden ist. Entsprechend hilflos ist sein Auftreten: Die Sätze des Dankes hat er sich „zurechtgelegt" und „aufgesagt" (S. 13). Während Hanna Schmitz im Verlauf des Gesprächs ihre Wäsche bügelt, will er nicht hinschauen, kann aber

Familien-
konstellation

Sozialstatus
der Familie

Michaels
Unsicherheit

Gefühl und Moral

33

auch nicht wegschauen (vgl. S. 14). Die moralische Strenge seiner Erziehung und die erotischen Bedürfnisse geraten in einen Konflikt: Seine erworbene Sittsamkeit verbietet ihm den Genuss des Hinschauens, während seine beginnende Triebhaftigkeit ihn dazu zwingt. Als Hanna schließlich ihre Strümpfe anzieht, verschärft sich der Konflikt: Michael fühlt sich durch Hannas Blick in seiner Begehrlichkeit durchschaut und errötet. Diesem ungewohnten Maß an Scham kann er nicht mehr standhalten und entzieht sich der Situation durch Flucht. Doch damit nicht genug: Als er räumlichen Abstand gewonnen hat und etwas ruhiger geworden ist, ergreifen ihn Ärger und Selbstvorwürfe: „Ich war wie ein Kind weggelaufen, statt so souverän zu reagieren, wie ich es von mir erwartete." (S. 16) Nicht allein mit der erlittenen Schmach hat er zu kämpfen, er misst überdies seine Reaktion an vermeintlichen Normen von souveränem Verhalten und erlebt so ein Versagen auf ganzer Linie.

Strategie des „Vernünftelns"

Was Michael Berg hier durchmacht, ist sicherlich typisch für die Zeit der Adoleszenz, in der der Heranwachsende lernen muss, mit unterschiedlichsten Gefühlen, Stimmungen, Normvorstellungen und vor allem der eigenen Sexualität umzugehen. In für ihn schwierigen Entscheidungssituationen entwickelt Michael jedoch eine Strategie, die der Ich-Erzähler aus der Distanz heraus als „vernünfteln", als „moralisches Kalkül" (S. 21) bezeichnet. Bevor er sich entscheidet, setzt er sich mit den mutmaßlichen Bedenken seiner moralischen Instanzen auseinander. Er durchdenkt die Argumente des Pfarrers, seiner Mutter und seiner größeren Schwester so lange, bis er sie so weit umgedeutet hat, dass sie ihm zuraten. Letztlich aber, so kommentiert der Ich-Erzähler weiter, hat ihn damals ein Muster beherrscht, „nach dem sich mein Leben lang Denken und Handeln zueinandergefügt oder nicht zueinandergefügt haben." (S. 21) Er könne etwas gedacht haben, aber dann durchaus in ganz anderer Weise handeln. Denken und Handeln seien eigenständig, das Handeln habe „seine eigene Quelle" (S. 22).

Neu erworbene Sicherheit

Hanna macht es Michael leicht, seine Ängste vor der Sexualität zu überwinden. Die Selbstverständlichkeit, mit der sie in ihrem Körper zu ruhen scheint, die Unmittelbarkeit, mit der sie seine innersten Bedürfnisse erkennt und ausspricht, bauen seine Verkrampfungen ab. Gleichzeitig hilft ihm das ungetrübte Erleben sexueller Lust dabei, die Überlegenheit der über zwanzig Jahre älteren Hanna hinzunehmen. Ihre Sicherheit überträgt sich auch auf ihn: Er fühlt sich wohl in seinem Körper, erlebt sich als „kraftvoll und überlegen" (S. 29) und möchte diese neu erworbene Männlichkeit auch nach außen dokumentieren. In der Schule ist er erfolgreicher, fühlt sich von seinen Lehrern nun stärker beachtet und kann den Mädchen in seiner Klasse „gelassen und kameradschaftlich" (S. 64) begegnen. Schließlich bedeutet die neue sexuelle Erfahrung für ihn auch eine Ablösung, ein „Abschied" (S. 32) von der Familie.

Gleichzeitig führt diese Beziehung aber auch zu Abhängigkeit und Isolation. Bereits Michaels anfängliche Unerfahrenheit und Sensibilität prädestinieren ihn dafür, von einer so willensstarken und bestimmenden Frau wie Hanna an sich gebunden zu werden. Wenn er nach der ersten sexuellen Begegnung mit Hanna derart überwältigt ist, dass er in der darauf folgenden Nacht vor Sehnsucht kaum schläft, sich „nie mehr selbst befriedigen" (S. 28) will und das Gefühl hat, „verwöhnt worden" zu sein und es „abgelten" (ebd.) zu müssen, so ist die Intensität des Erlebens nicht einfach mit seiner Jugendlichkeit zu erklären. Für Michael wiederholt sich im Zusammensein mit Hanna eine Erfahrung, die bisher an seine Mutter gebunden ist. Als vierjähriges Kind, so berichtet der Erzähler, hat ihn seine Mutter einmal auf einen Stuhl vor den warmen Ofen gestellt, gewaschen und angezogen. Immer wenn er sich diese Szene vergegenwärtigt, wird zum einen die Erinnerung an Wärme und Genuss geweckt, zum andern die Vorstellung, verwöhnt worden zu sein, ohne dass sich ihm der Grund dafür erschlossen hätte. So wird verständlich, dass Michael dem Ritual des Waschens nichts entgegenzusetzen hat, und es ist nahe liegend, dass Hanna in Michaels Gefühlswelt die Rolle der Mutter besetzt. Eine solche Deutung verstärkt der Erzähler durch einen Verweis auf Michaels literarische Vorlieben und seine Leseweise. Bei der Lektüre von Stendhals Roman „Rot und Schwarz"

Abhängigkeit von Hanna

Übernahme der Mutterrolle

nimmt er an der Beziehung des jungen Julien Sorel zu der älteren Madame de Rênal intensiv Anteil und sieht in Thomas Manns „Felix Krull" den Helden am Ende lieber in den Armen der Mutter als der Tochter (vgl. S. 40).

Aus Abhängigkeit wird Anpassung

Da Hanna nicht nur Michaels Bedürfnis nach Nähe, Erotik und Sexualität befriedigt, sein Selbstbewusstsein stärkt und so auch zu seiner sozialen Anerkennung beiträgt, sondern auch noch an die Mutter gebundene Kindheitserinnerungen aktualisiert und die Mutterrolle übernimmt, führt Michaels Abhängigkeit von ihr zunehmend zu problematischen Formen der Anpassung. Schon die Erweiterung der Liebesrituale durch das vorangehende Vorlesen ist für Michael eine Störung des gewohnten Ablaufs, eine Irritation. Aber seine Gegenwehr wirkt halbherzig. Als er schließlich wenig später aus dem gewohnten Ritual ausbricht und frühmorgens in eine Straßenbahn steigt, in der Hanna Frühdienst hat, entsteht der erste Streit mit einschneidender Bedeutung. Michael möchte sein Bedürfnis nach Nähe und Intimität auf eine andere Art und Weise befriedigen und dringt in ihre Arbeitswelt ein. Doch während Hanna mit dem Fahrer plaudert, wartet Michael im hinteren Wagen vergebens darauf, dass sie zu ihm steigt und sich ihm zuwendet. Mögen auch Michaels Signale zu wenig klar und Hannas Bereitschaft, sich mit ihnen auseinander zu setzen, zu gering sein: Entscheidender ist der sich anschließende Disput. Michael stellt Hanna empört zur Rede, kann sich aber gegen ihre Situationsdeutung nicht durchsetzen und wird schließlich der Wohnung verwiesen. Nach einer halben Stunde kehrt er zurück, bekennt, „gedankenlos, rücksichtslos, lieblos gehandelt" (S. 49) zu haben, ist glücklich, als sie zugibt, durch ihn verletzt worden zu sein, und bettelt um Verzeihung. Michael, der angetreten ist, mit einer eigenen Aktion seine Wünsche zu realisieren, verlässt die Szene gedemütigt und Abbitte leistend. Dementsprechend kommentiert der Ich-Erzähler diese Szene als eine Kapitulation mit verheerenden Folgen. Künftig beugt sich Michael Hannas Dominanzanspruch, gibt Fehler zu, die er nicht begangen hat, und bettelt um Liebe. Wie sehr sich Michael aus der Furcht heraus, Hanna zu verlieren, erniedrigt, zeigt auch jenes unglücklich verlaufende Spiel mit erfunde-

Michaels Kapitulation

nen Kosenamen: Als Michael Hanna mit einem Pferd vergleicht und Hanna ihn daraufhin entsetzt anschaut (vgl. S. 68 f.), paraphrasiert und interpretiert er seinen Vergleich, um ihr zu gefallen, immer auch bereit, alles wieder zurückzunehmen.

Zeigt sich Michael in der Beziehung zu Hanna von einer problematischen Anpassungsbereitschaft und kann er ihrem Dominanzanspruch wenig entgegensetzen, so erweist er sich andererseits als außergewöhnlich intelligent und ausdauernd. Von Hanna angespornt, holt er in wenigen Wochen den durch seine Krankheit versäumten schulischen Stoff nach und wird in die Obersekunda, die heutige elfte Jahrgangsstufe des Gymnasiums, versetzt. Wenngleich vor dem Hintergrund seines bildungsbürgerlichen Elternhauses auch nicht unerklärbar, ist sein Lesepensum erstaunlich und sein Zugriff auf literarische Texte gewandt und sicher. Doch gerade dadurch entsteht ein weiterer Konflikt, dessen Folgen in Michaels Psyche noch tiefere Spuren hinterlassen. Michael wird nun in eine koedukative Klasse versetzt, die im Sommer im Schwimmbad ein reges soziales Leben entfaltet, aus dem Michael sich nicht ausgrenzen will. Die Leichtigkeit des „Redens, Scherzens, Spielens und Flirtens" (S. 71) mit gleichaltrigen Jungen und Mädchen zieht ihn von Hanna weg, aktualisiert aber gleichzeitig auch seine latent vorhandene Trennungsangst. So entzieht er sich manchmal der Runde seiner Klassenkameraden und -kameradinnen ohne Angabe von Gründen, empfindet aber doch den Ritualen mit Hanna gegenüber „Groll" (S. 71). Intuitiv redet er nicht über Hanna, glaubt auch, den Zeitpunkt verpasst zu haben, sie einzuführen, und entwickelt in zunehmendem Maße Schuldgefühle.

Das Gefühl, Hanna verraten zu haben, gipfelt schließlich in einer auf Michael fast schon traumatisch wirkenden Situation. Als Michael nach einer besonders intensiv erlebten Liebesbegegnung mit Hanna im Schwimmbad sitzt, sieht er sie „zwanzig bis dreißig Meter entfernt" (S. 78) zu ihm herüberblicken. Als er nach wenigen Augenblicken wieder aufschaut, ist sie verschwunden und bleibt für ihn auch weiterhin unerreichbar. Michael reagiert auf diesen Vorfall mit intensiven Schuldgefühlen:

Intelligenz und Ausdauer

Schulfreunde als neue Gruppe

Schuldgefühle gegenüber Hanna

Zum einen quält ihn die Vorstellung, Hanna seinen Freundinnen und Freunden gegenüber verleugnet und damit verraten zu haben, zum anderen fühlt er sich auch für ihr unangekündigtes, spurloses Verschwinden verantwortlich. Von beiden Schuldvorstellungen kann er sich nicht mehr befreien. Seine Beziehung zu Hanna bricht für ihn in einer Situation ab, die ihm nicht mehr die Möglichkeit lässt, sich wirklich für sie oder für seine Gleichaltrigengruppe zu entscheiden. Dieser abrupte Beziehungsabbruch verhindert eine echte Klärung seiner verwirrten Gefühlswelt und nimmt ihm die Möglichkeit, selbst eine klare Zäsur zu setzen.

Ausbildung von Abwehrmechanismen

Mit seinen Schuldgefühlen und seiner Verletztheit allein gelassen, entwickelt Michael recht bald klassische Abwehrmechanismen. Da er erfahren hat, wie schmerzhaft Demütigungen und Unterdrückung, Liebesverlust und Schuldgefühle sein können, bildet er als Reaktion darauf nun ein „großspuriges, überlegenes Gehabe" (S. 84) aus, das ihn vor zu starker emotionaler Beteiligung schützen soll. Vordergründig betrachtet scheinen diese Abwehrmechanismen auch zu wirken: Immerhin berichtet der Ich-Erzähler, in seiner Erinnerung habe er in der Schule und den ersten Universitätssemestern „glückliche Jahre" (S. 84) erlebt. Doch dann vergegenwärtigt er sich auch Situationen, wo die Verdrängung des Vergangenen nicht ganz gelungen erscheint, wo er bei kleinen „Gesten liebevoller Zuwendung einen Kloß im Hals" (S. 85) gespürt hat und hinter seiner Großspurigkeit und Kälte die alte Empfindsamkeit zutage tritt. Schließlich belegt die Wiederbegegnung mit Hanna sehr deutlich, dass man Schuldgefühle nicht wie eine Stadt auf einer Zugreise hinter sich lassen kann (vgl. S. 83).

Erneute Konfrontation mit Hanna

Als Michael Hanna nach sieben Jahren wieder begegnet, sind seine erfolgreich aufgebauten Abwehrmechanismen zunächst noch intakt und es stellen sich keine Gefühle ein, als er Hanna plötzlich erkennt. Erst dann ist er erschrocken, als ihr Anwalt einen Antrag auf Haftverschonung stellt. Als „bloße Erinnerung" (S. 93) kann sie ihren Platz in Michaels Leben einnehmen, als reale Person wünscht er sie weit weg von sich, ins Unerreichbare.

Aus diesem Wunsch geht deutlich hervor, dass er die unabgeschlossene, belastende Beziehung zu Hanna mit seinen Schul- und Studienerfolgen und seinen Überheblichkeitsgesten nur überdeckt, nicht aber bearbeitet hat. So fürchtet er den Kontakt mit ihr, weil er dadurch erneut mit seinen erlittenen Demütigungen, Verlustängsten und Schuldgefühlen konfrontiert wäre und einen neuen Modus finden müsste, mit Hanna in Kenntnis ihrer Vergangenheit umzugehen.

Die Betäubung der Gefühle, in die die Prozessteilnehmer angesichts der schrecklichen, erschütternden Berichte verfallen sind, wirkt sich auch auf Michael lähmend aus. Doch als er überraschend erfährt, dass Hanna im Lager jüngere, schwächere Mädchen als Vorleserinnen ausgewählt hat, ehe sie schließlich nach Auschwitz in den sicheren Tod geschickt wurden, erwacht er aus seiner Lethargie. Es muss für ihn ein einschneidendes Erlebnis sein zu erfahren, an welch grausame Tradition in Hannas Leben er selbst ahnungslos angeknüpft hat. Nun ist deutlich, welche Position Michael in Hannas Leben eingenommen hat. Es ist dies auch der Moment, wo Hanna ihn anschaut und Michael mit dem alten Verhaltensmuster des Errötens seine emotionale Betroffenheit nach außen wenden muss. Jetzt packt ihn das Bedürfnis, in den Prozess klärend einzugreifen, jetzt wandelt er sich vom Zuschauer zum Teilnehmer (vgl. S. 131).

Vom Beobachter zum Teilnehmer

Eine weitere wichtige Erfahrung, die Michaels Sicht auf Hannas Leben grundlegend verändert, ist die Entdeckung von Hannas Analphabetismus. Dadurch dass Hannas Unfähigkeit, lesen und schreiben zu können, nicht in der Öffentlichkeit des Gerichtssaals ausgebreitet, sondern von Michael auf einem Spaziergang intuitiv erschlossen wird, bleibt dieses Wissen auf ihn beschränkt. Es ist nun an ihm, zu Hannas Entlastung in den Prozess einzugreifen. Doch Michael ist aufgrund seiner unbewältigten Schuldverstrickung nicht in der Lage, sich zu Hanna zu bekennen und ihre Interessen wirkungsvoll zu vertreten. So bleibt sein Gespräch mit dem Vater auf der Ebene eines akademischen Diskurses und endet mit der Hilflosigkeit und Verlegenheit beider Gesprächspartner. Seine Unterredung schließlich mit

Michaels wirkungslose Eingriffe

dem Vorsitzenden Richter verstreicht in einem Geplauder über Studien- und Berufsfragen und Michael verlässt den Raum, ohne zu seinem eigentlichen Problem auch nur ein einziges Wort gesagt zu haben. Michael ist in dieser Lebensphase zu sehr in seinen Abwehrmechanismen verfangen, um sich für Hanna einsetzen zu können. Weder ist er in der Lage, für Hannas Zukunft eine Perspektive zu entwickeln, noch kann er sich dem Sog des Prozesses entziehen und den Verhandlungen einfach fernbleiben.

Nachwirkung der Erfahrungen

In den Jahren nach Hannas Verurteilung vollziehen sich einige für Michael wichtige Entwicklungen: Zunächst bestimmen die prägenden Erfahrungen bei der Beobachtung des Prozesses seine Berufswahl. Keine der erlebten juristischen Berufsrollen kann Michael übernehmen, findet vielmehr in der Rechtsgeschichte eine Nische, spezialisiert sich auf das Recht im Dritten Reich und gewinnt wissenschaftliches Ansehen. Eine ohne nennenswerte Leidenschaft eingegangene Ehe scheitert nach sechs Jahren. Noch ist die Prägung seiner Sexualität durch die Erfahrung mit Hannas Körper so stark, dass eine dauerhafte Intimität mit anderen Frauen nicht möglich ist. Noch immer belasten ihn Schuldgefühle, insbesondere quält er sich mit der Schuld, eine Naziverbrecherin geliebt zu haben. Ein neuer Lebensabschnitt beginnt für Michael nach seiner Scheidung, in einer Phase der Unruhe und Schlaflosigkeit. Mit dieser Zeit beginnt offensichtlich ein Prozess der Stabilisierung und Aufarbeitung.

Vorlesen als „Therapie"

Mit seiner ehemaligen Schullektüre, der *Odyssee*, beginnend, nimmt er seine Rolle als Vorleser wieder auf, doch diesmal aus der Distanz und über die Tonkassette vermittelt. Diese Zuwendung ohne unmittelbare Auseinandersetzung übt für Michael wie für Hanna eine Art therapeutische Funktion aus. Dieser ausschließliche Modus des Vorlesens, über den Michael nicht hinausgeht, ist seine Art des Kommunizierens mit Hanna, sein Umgang mit den nicht bewältigten Schuldgefühlen. Später schickt er Hanna seine eigenen literarischen Texte und sie entwickelt sich für ihn zu einer „Instanz", die „Kreativität" und „kritische Phantasie" (S. 176) in ihm bündelt. Hanna erhält so die Möglichkeit, lesen und schreiben zu lernen, damit ihre eigene Vergangenheit aufzuarbeiten und sich selbst des Maßes ihrer Schuld bewusst zu werden. Als er von ihrer bevorstehenden Begnadigung erfährt, schafft Michael zwar einen Rahmen für ihre Resozialisation, vermeidet aber so lange wie möglich den persönlichen Kontakt mit ihr. Deutlich souveräner verhält er sich schließlich nach Hannas Tod, bei der Erledigung der ihm durch Hannas Testament zugefallenen Aufgabe in New York. Zum ersten Mal bekennt er sich im Gespräch mit der Zeugin und Buchautorin ohne Umschweife zu seiner frühen Beziehung zu Hanna, redet mit ihr offen über die Ereignisse der letzten Jahre und entwickelt für die Verwirklichung von Hannas Wünschen eine Lösung, der die Frau zustimmen kann.

Bekenntnis zur Vergangenheit

Schließlich lässt sich auch die Niederschrift des Romans, das deutet jedenfalls der Ich-Erzähler im letzten Kapitel an, als ein weiterer Schritt auf dem Weg der Bearbeitung seiner Lebensgeschichte deuten. Dass ihn Schuldgefühle und Zorn noch fast ein Jahrzehnt lang aufgewühlt und daran gehindert haben, sein Leben so, wie es sich ereignet hat, anzunehmen, zeigt die Tiefe seiner Verletzungen. Erst als er schließlich seinen Frieden gefunden hat, kann er seine Lebensgeschichte stimmig niederschreiben.

Schreiben aus der Distanz

Hanna Schmitz

KURZINFO

- Zu Beginn der Handlung 36 Jahre alt, 21 Jahre älter als Michael.
- Hilfsbereit, tatkräftig, bestimmend, fast schon grob. Körperlich üppig und kräftig, herber Typ, gelegentlich Eindruck des Schwerfälligen. Selbstverständlichkeit und Sicherheit im Umgang mit dem Körper. Manchmal resolut und besitzergreifend bis zur Brutalität.
- Zunächst Arbeiterin bei Siemens in Berlin, dann Eintritt in die SS, Wachdienst in Auschwitz, schließlich Aufseherin in einem Arbeitslager in Krakau.
- Strenge Vorstellung von Arbeit und Pflichterfüllung, brutale Bestrafung Michaels, Ausblenden humanitären Denkens aufgrund ihrer Prägung durch menschenverachtende Praktiken in ihrer Zeit als KZ-Aufseherin.
- Kaschieren der Vergangenheit, hochmütiges Verhalten und Tarnen des Analphabetismus, selbst um den Preis einer lebenslänglichen Gefängnisstrafe.

Hannas Einführung

Die Frau, die sich meiner annahm", so führt der Erzähler nach knapp einer Seite die zweite Hauptfigur des Romans ein, „tat es fast grob." (S. 6) Die Einschätzung „grob" wird zwar durch die Partikel „fast" gemildert, dennoch bewegt sich Hannas Zuwendung zu dem hilfsbedürftigen Michael Berg auf einem schmalen Grat zwischen Entschlossenheit und Grobheit. Hanna erfasst die Situation ohne zu zögern, weiß sofort, was zu tun ist, schreckt auch vor unangenehmer Arbeit nicht zurück. Das Wasser fängt sie mit der hohlen Hand auf, „klatscht" es ihm ins Gesicht, reinigt das Trottoir mit einem Eimer und gibt ihm kurze, knappe Anweisungen im Imperativ: „Nimm den anderen!" (S. 6) Gegenüber dem sich schämenden „Jungchen" erweist sie sich als situationsmächtig, agiert mit ausladenden, kräftigen Bewegungen. Sie packt seine Schultasche, seinen Arm und bringt ihn mit schnellen und entschlossenen Schritten (vgl. S. 7) nach Hause. Zuvor allerdings nimmt sie den weinenden Jungen in die Arme und tröstet ihn. Hanna Schmitz wird in dieser ersten Szene als tatkräftig, dabei aber bestimmend, als resolut bis an die Grenze zum Groben geschildert. Damit kann sie allenfalls die Anerkennung, nicht aber die Sympathien der Leser gewinnen. Dass Hanna nach dieser Einführung Michaels Geliebte werden könnte, zeichnet sich nicht ab.

Lebensdaten

Sowohl von ihrem Alter als auch von ihrer Herkunft her wäre eine Beziehung denkbar ungleich. Obgleich sie zehn Jahre jünger als seine Mutter ist, so rechnet Michael, könnte sie doch noch seine Mutter sein (vgl. S. 41). Hanna ist zur Zeit des ersten Romanteils sechsunddreißig Jahre alt, wie man später erfährt, am 21. Oktober 1922 bei Hermannstadt in Siebenbürgen geboren. Mit etwa siebzehn Jahren beginnt sie, in Berlin bei Siemens zu arbeiten. Mit einundzwanzig Jahren sei sie „zu den

Soldaten geraten" (S. 40), so erzählt sie Michael, in Wirklichkeit ist sie aber, so wird sie später vor Gericht aussagen, von der SS zum Wachdienst zunächst in Auschwitz, dann in einem kleinen Arbeitslager bei Krakau abgeworben worden. 1945 ist sie mit einem der Todesmärsche nach Westen geflohen und hat insgesamt etwa acht Jahre in Michaels Heimatstadt gelebt. Zur Zeit ihrer Beziehung zu Michael arbeitet Hanna als Straßenbahnschaffnerin, weil, so erklärt sie es ihm, sie die Uniform, die Bewegung, den „Wechsel der Bilder" und das „Rollen unter den Füßen" mag (S. 40).

Sich an ihr Aussehen zu erinnern, fällt dem Ich-Erzähler nach mehr als drei Jahrzehnten schwer. Vor der Folie gleichaltriger Mädchen empfindet er Hannas Körper als „üppiger", als kräftig und sehr weiblich (vgl. S. 17). Später, als er Hanna im Gerichtssaal wiedersieht, hebt er noch ihren „breiten Rücken" und ihre „kräftigen Arme" (S. 91) hervor. Über ihr Gesicht erfahren wir Einzelheiten, die sich nur schwer zu einem klaren Gesamtbild zusammenfügen. Als „großflächig", „herb" und „fraulich" wird es beschrieben: „Hohe Stirn, hohe Backenknochen, blaßblaue Augen, volle, ohne Einbuchtung gleichmäßig geschwungene Lippen, kräftiges Kinn." (S. 14) Ihr „schulterlanges, aschblondes Haar" (S. 14) hält sie im Nacken mit einer Spange zusammen, später vor Gericht mit einem strengen und für Michael fremd wirkenden „Knoten". Fast könnte man meinen, der Ich-Erzähler wolle nach all den späteren Erfahrungen sich seiner damaligen Einschätzung noch einmal vergewissern, wenn er betont, dass er ihr Gesicht „schön fand." (S. 14) Denn nachdem Michael im Verlauf des Prozesses mit Hannas Schuldverstrickung konfrontiert ist, werden seine ersten Eindrücke von Visionen und Traumbildern überlagert. Er sieht die Lageraufseherin mit „hartem Gesicht" (S. 140, 141), „mit kalten Augen und schmalem Mund" (S. 141), wie sie ihre Macht über die Häftlinge schonungslos ausnützt, und wacht mit Entsetzen auf, wenn ihn dieses „herrische, grausame" (S. 142) Bild sexuell erregt.

Was auf Michael so erotisch wirkt, sind nicht allein Hannas üppige Weiblichkeit oder die Art, wie sie ihren Körper durch Verdecken und Enthüllen präsentiert, son-

Äußere Erscheinung

Erotische Ausstrahlung

dern wie sie ihn bewegt und in ihm lebt. Hannas Haltungen und Bewegungen machen gelegentlich den Eindruck des Schwerfälligen (vgl. S. 17), ohne dass ihr Körper wirklich schwer wäre. Es sind dies Situationen, in denen es so scheint, als habe sich Hanna ganz in das Innere ihres Körpers zurückgezogen. „Weltvergessenheit" (S. 17) sieht der Ich-Erzähler in ihren Haltungen und deutet sie als eine Einladung, „im Inneren des Körpers die Welt zu vergessen." (S. 18) Selbstverständlichkeit und Sicherheit in allen Verrichtungen des Alltags sind denn auch ein wichtiges Merkmal ihrer Person. Dies beobachtet Michael beim Bügeln, das sie „langsam und konzentriert" (S.14) erledigt. Beim Anziehen der Strümpfe folgt sie ganz der Eigendynamik der Bewegungen, die der Erzähler detailliert schildert, es fehlt jegliches Kokettieren oder Posieren um der Wirkung willen (vgl. S. 17). Die Selbstverständlichkeit im Umgang mit ihrem Körper, die durch ihre Erfahrung gewonnene Sicherheit und Ruhe der Bewegung und des Blicks sowie die scheinbare Weltvergessenheit in ihrem Tun sind die Aspekte, die Hannas erotische Ausstrahlung dominieren. „Weltvergessenheit" bekommt allerdings noch eine tiefere Dimension, wenn man bedenkt, welcher Art die Welterfahrungen sind, die Hanna vergessen muss.

Die resolute Hanna

Auf der anderen Seite lässt Hanna eine breite Palette von Eigenschaften erkennen, die von Entschlossenheit über Härte bis zu Brutalität reichen. Immer wieder deuten knappe Erzählerkommentare auf Hannas bestimmtes und energisches Verhalten. So vollzieht sie die Waschrituale mit „besitzergreifender Gründlichkeit" (S. 33), nimmt „selbstverständlich" (ebd.) Besitz von Michael oder wird als immer eindeutig bezeichnet, in ihrer Zustimmung wie auch in ihrer Ablehnung (vgl. S. 69). Werden jedoch bei Hanna empfindliche Bereiche tangiert, führt ihr resolutes Verhalten zu krisenhaften Situationen. So wirft sie Michael mit einer brutalen Geste aus dem Bett, als er ihr gesteht, dass er wegen seiner längeren Krankheit mit einer Versetzung wohl nicht rechnen könne und auch, um bei ihr zu sein, stundenweise die Schule schwänze. Im Verlauf des weiteren Disputs zeigt sich, dass Hannas Leben auf einer rigorosen Vorstellung von Arbeit und Pflichterfüllung basiert und dass

Arbeits- und Pflichtbegriff

Michaels lasche Haltung sie empfindlich trifft. Ganz unwahrscheinlich wäre es, wenn Hannas überzogene Empörung ausschließlich aus der konkreten Situation erwachsen wäre. Plausibler ist, dass hier die rigide Haltung der ehemaligen Aufseherin in einem Arbeitslager aktualisiert wird, in dem die für die Arbeit zu schwachen Häftlinge nach Auschwitz geschickt wurden. Ähnlich erklärbar sind Hannas überraschende Ironie und ihre Vorwürfe, als Michael ihr klar macht, dass er wegen ihr um halb fünf mit der Straßenbahn nach Schwetzingen gefahren sei. Hanna liest in dieser Situation aus Michaels Worten die für sie provozierende Klage heraus, er habe in seinen Ferien unangemessen früh aufstehen müssen, und sie fühlt sich in ihrer Arbeitsrolle nicht anerkannt. Schließlich führt ihre starre Arbeitsmoral auch dazu, dass sie, als ihr Michael aus Eichendorffs „Leben eines Taugenichts" vorliest, dem Taugenichts dessen Müßiggehen nicht verzeihen will (vgl. S. 56).

Ein äußerst brutales Verhalten legt Hanna an den Tag, als Michael morgens, nachdem er einen Zettel auf ihrem Nachttisch hinterlegt hat, das gemeinsame Gasthofzimmer verlässt, um das Frühstück und eine Rose hochzubringen. Wenn ihm Hanna bei seiner Rückkehr mit ihrem Ledergürtel quer durch das Gesicht schlägt und seine Lippe aufplatzt, so ist dies ein so menschenverachtender Gestus, dass der Bezug zu ihrer SS-Vergangenheit unmittelbar deutlich wird. Vielleicht scheint sich Hanna dieser Zusammenhänge auch bewusst zu werden, zumindest lässt sich ihr anschließender Weinkrampf (vgl. S. 54 f.) so deuten. Schließlich sind die Motive für Hannas Verhalten in dieser Schlüsselsituation aber nicht klar auszumachen und werden auch nachträglich nicht weiter erhellt. Möglich ist, dass Hanna den Zettel gesehen hat und ihre Unfähigkeit, das Geschriebene zu lesen, die Angst vor der Entdeckung ihres mühselig kaschierten Analphabetismus Wut und Aggression in ihr ausgelöst hat. Denkbar wäre auch, dass sie, die sich bisher auf der gemeinsamen Radtour ganz auf Michaels Führung verlassen hat, nun eine Isolation fürchtet, aus der sie sich nicht ohne Gesichtsverlust befreien kann. Dies alles treibt sie zu einer Brutalität, über deren Ausmaß sie vielleicht selbst erschrickt.

Aspekte der Brutalität

45

System von
Verdrängungen

So wird Hanna im ersten Teil des Romans zu einer Figur, deren Verhalten in vielen Situationen nur aus dem Kontext ihrer dem ahnungslosen Michael noch nicht bekannten Vergangenheit erklärbar wäre. Immer wieder erlebt Michael verwirrende und einschüchternde Reaktionen, von deren Ursprüngen er nichts wissen kann. So schreckt Hanna voller Misstrauen hoch, als Michael sie überraschend nach ihrem Namen fragt (vgl. S. 34). Als er sie mitten in einem liebevoll begonnenen Metapherspiel mit einem Pferd vergleicht (vgl. S. 69), schaut sie ihn entsetzt an und verlangt nach Erklärung. Möglicherweise weiß Hanna, dass es eine KZ-Aufseherin gab, die als „Stute von Maidanek" bezeichnet wurde, und dieses Wissen aktualisiert verdrängte Ängste vor Entdeckung. So folgt Hannas Leben einem System von Verdrängungen und Tarnungen. Sie verdrängt ihre Vergangenheit, versteckt ihren Analphabetismus und schottet ihr Privatleben weitgehend ab. Sie folgt einer Dynamik, die sich sowohl Michael als auch dem Leser erst später erschließt.

Hanna als
Angeklagte

Mit Beginn des Prozesses wird Hanna gezwungen, sich mit ihrer Vergangenheit als KZ-Aufseherin auseinander zu setzen, ihr damaliges Verhalten zu rekonstruieren und sich zu rechtfertigen. Hanna ist inzwischen sieben Jahre älter, ohne dass wir über diese Jahre etwas erfahren hätten, Michael ein juristisch geschulter Beobachter aus den Reihen der Zuschauer. Gegensätzlicher könnte das Setting kaum sein: Nicht mehr die in ihrer eigenen Welt Umworbene und Geliebte ist Hanna, sondern die Angeklagte in einem sozialen Raum, dessen Zusammenhänge und Spielregeln sie nicht kennt. Dennoch bleiben viele ihrer Verhaltensweisen gleich: Da sie sich um das Publikum nicht kümmert, mit ihrem Anwalt oder den anderen Angeklagten nicht spricht und in den Verhandlungspausen auf ihrem Platz bleibt, wirkt ihr Verhalten „hochmütig" (S. 95). Die Weltvergessenheit und Sicherheit, die Michael in ihrem körperlichen Ausdruck bewundert hat, weicht zwar sichtbaren Zeichen der Anspannung, wenn sie sich in die Enge getrieben fühlt, doch ihre Haltung zu den ihr vorgeworfenen Verbrechen ist von einer ganz ähnlichen Selbstsicherheit und Unbefangenheit. Was eigentlich auf einer grundsätzlich humanen und moralischen Ebene hätte abgehandelt

Hochmut und
Anspannung

werden müssen, reduziert Hanna mit provozierender Beharrlichkeit auf eine Sach- und Organisationsfrage. Besonders offensichtlich wird dies in jenem Prozessteil, in dem Hanna auf den wöchentlichen Rücktransport der nicht mehr arbeitsfähigen Lagerinsassen nach Auschwitz angesprochen wird. Auf die Frage, ob sie gewusst habe, dass sie die von ihr ausgewählten Frauen in den Tod schicke, antwortet sie mit der Feststellung, sie hätte für die neuen Insassen Platz schaffen müssen (vgl. S. 106). Im Ausblenden humanitären Denkens und im Insistieren auf organisatorischen Sachzwängen geht sie sogar noch einen Schritt weiter, indem sie den Vorsitzenden Richter fragt, was er denn an ihrer Stelle getan hätte (vgl. S. 107).

Spätestens hier wird deutlich, dass der Prozess so gut wie nichts dazu beitragen kann, dass Hanna ihre schuldhafte Verstrickung aufarbeitet. Dies hat auch Hanna selbst erkannt, wenn sie zu Michael am Ende ihrer Gefängniszeit sagt, es habe sie keiner verstanden, also hätte auch niemand Rechenschaft von ihr fordern können (vgl. S. 187). Hanna hat aufgrund ihrer fehlenden formalen Bildung, deren deutlichstes Zeichen der Analphabetismus ist, für die Auseinandersetzung mit moralischen Fragen keine gedanklichen Strukturen. Sie denkt in Kategorien der Pflicht, bewertet ihr damaliges Verhalten unter dem Gesichtspunkt der korrekten Ausführung von vorgegebenen Arbeitsanweisungen. Deswegen erlebt sie die ihr vorgeworfenen Vergehen als boshafte Unterstellungen.

Unfähigkeit zur Einsicht

Schließlich kann Hanna der Prozess auch deswegen bei der Erkenntnis ihrer Schuld nicht helfen, weil sie dessen Zusammenhänge und Regeln nicht durchschaut. Einerseits kann sie nicht eingestehen, die Anklageschrift nicht gelesen zu haben, sie verhält sich „verwirrt und ratlos" (S. 105), andererseits wehrt sie sich „beharrlich" (ebd.) und mit hohem Gerechtigkeitsempfinden gegen Aussagen, die sie gemacht haben soll. Statt die sie entlastenden Lücken in den Zeugenaussagen zu nutzen und die Gefahr, in die sich die Zeugen durch ihre Einlassungen hätten begeben können, strategisch auszuspielen (vgl. S. 110), belastet sie sich eher selbst. So ist es nur

Fehlender Durchblick

Verstrickung durch Vertuschen

konsequent, dass Hanna, um ihr bisher gehütetes Geheimnis nicht preisgeben zu müssen, sich dazu bekennt, den Bericht über die Bombardierung der Kirche selbst geschrieben zu haben, und dann ihren Widerstand aufgibt. Wenn sie schließlich bei der Urteilsverkündung ein Kostüm wählt, das dem einer KZ-Aufseherin ähnelt, so kann dies als ihr letzter Versuch verstanden werden, die Identität mit ihrer damaligen Rolle und ihrem Verhalten zu dokumentieren und der empörten Öffentlichkeit wortlos zu verstehen zu geben, dass dieses Verfahren ihr keine Einsicht gebracht hat.

Kampf um ihre Wahrheit

Dennoch stellt sich dem Leser die auch vom Ich-Erzähler formulierte Frage, warum sich Hanna eher als NS-Verbrecherin zu einer lebenslänglichen Freiheitsstrafe verurteilen lässt, als die vergleichsweise geringere Schmach auf sich zu nehmen, als Analphabetin entdeckt zu werden. „Sie verfolgte nicht ihr Interesse", so deutet der Erzähler ihr Verhalten, „sondern kämpfte um ihre Wahrheit, ihre Gerechtigkeit." (S. 128) Starr und beharrlich kämpft Hanna darum, dass die Zusammenhänge ihres Handelns wirklichkeitsgetreu herausgearbeitet werden, auch wenn sie dabei ihren Interessen zuwiderhandelt. Sie gibt zu und widerspricht, wenn sie es tun zu müssen glaubt; ob sie damit die Richter oder die Mitangeklagten gegen sich aufbringt, ist ihr gleichgültig. Sie bekennt sich zu ihrer Verantwortung, auch wo sie sich hätte herausreden können. „Sie akzeptierte, daß sie zur Rechenschaft gezogen wurde", so die Erklärung des Ich-Erzählers, „wollte nur nicht überdies bloßgestellt werden." (S. 128) So verlässt Hanna nach der Verlesung der Urteilsbegründung den Gerichtssaal mit einem Blick, der Hochmut und Verletzung, Verlorenheit und unendliche Müdigkeit ausdrückt (vgl. S. 157).

Erlernen der Schrift

Wenn Hanna im Verlauf des Romans eine Entwicklung durchläuft, dann sicherlich nicht während der Monate des Prozesses und des Kampfes um ihre Wahrheit, sondern in den Jahren ihrer Haft. Nach acht Jahren im Gefängnis erhält sie die ersten Kassetten von Michael. Nach weiteren vier Jahren empfängt Michael die erste kurze schriftliche Nachricht von Hanna. Wie die Gefängnisleiterin berichtet, hat sich Hanna die von Michael vorgelesenen Bücher ausgeliehen und so das Gesprochene Buchstabe für Buchstabe verfolgt. Es spricht für Hannas Beharrlichkeit und Härte, dass sie sich dieser Energieleistung unterzogen hat. „Gewaltsam" (S. 177) ist diese spät erlernte Schrift, als müsste „jeder Buchstabe neu erkämpft" (S. 178), die Hand „vorangezwungen werden." (S. 177) Der Erzähler deutet diesen verspäteten Lernprozess als einen „Schritt aus der Unmündigkeit zur Mündigkeit" (S. 178), dem man die Kraft und den Kampf, die er gekostet hat, noch ansieht (vgl. S. 178). Mit dem Erlernen der Schrift schafft Hanna auch die Voraussetzung, sich auf einer neuen, ihr bisher verschlossenen Ebene mit ihrer Schuld auseinander zu setzen. Nun sucht sie gezielt nach Literatur über die NS-Zeit und in ihrer Zelle findet Michael nach ihrem Selbstmord neben wissenschaftlicher Literatur auch autobiografische Schriften sowohl der Opfer als auch der Täter.

Mühsal des Schreibens

Gleichermaßen fügt es sich in Hannas Persönlichkeitsbild, dass sie im Gefängnis Selbstständigkeit und Engagement zeigt, bei ihren Mithäftlingen Ansehen genießt und als Autorität um Rat gefragt wird. Als Michael Hanna eine Woche vor ihrer Entlassung zum ersten Mal besucht, hat sie jedoch bereits resigniert. Ihre Haare sind grau, ihr Gesicht markieren tiefe senkrechte Falten, ihr Körper ist schwer geworden, ihr Geruch der einer alten Frau und, was Michael besonders schmerzen muss, sie fühlt sich nicht mehr so „richtig" (S. 188) an wie früher. Es deutet sich an, dass Hanna keine Zukunft mehr hat.

Engagement und Resignation

Wenn Hanna sich schließlich am Morgen des Entlassungstags in ihrer Zelle erhängt, hinterlässt dieser Selbstmord alle Betroffenen hilflos. Aus der gesamten Logik des Romans heraus ist er indessen konsequent. Aus den vielen Signalen, die sie von Michael erhalten hat, muss ihr deutlich geworden sein, dass in seinem Leben für sie kein angemessener Platz mehr ist, und es ist fraglich, ob sich Hanna mit einer marginalen, von Erinnerungsbruchstücken und Verantwortungsgefühl belebten Rolle hätte zufrieden geben können. Zum anderen hat sich Hanna nach dem mühseligen Erlernen

Hannas Selbstmord

der Schrift auf einer nunmehr moralischen Ebene mit ihrer Schuld auseinander setzen können. In diesem Kontext lässt sich auch der Prozess des Rückzugs und der Verwahrlosung am Schluss deuten, den die Gefängnisleiterin mit der Bemerkung kommentiert, selbst ein Kloster sei Hanna noch „zu gesellig und geschwätzig" (S. 196) gewesen. So setzt Hanna mit ihrem Selbstmord ein brutales und aggressives Ende, ein Ende aber, das der Eindeutigkeit ihres Denkens und Empfindens in Zustimmung oder Ablehnung entspricht.

Michaels Familie

KURZINFO

- Vater: Universitätsprofessor der Philosophie. Leben in der idealistischen Philosophie, förmliche, ritualisierte, gefühlsarme Alltagsgestaltung. Distanz zu seiner Umwelt. Unempfänglich für Michaels existenzielle Probleme, Argumentation auf der Ebene moralischer Grundsatzfragen. Hilflosigkeit gegenüber dem Leben.
- Mutter: zuständig für das Einhalten gesellschaftlicher Konventionen. Von ihr der Impuls für Michaels Dankesbesuch bei Hanna Schmitz.
- Älterer Bruder: herausfordernd, provozierend.
- Ältere Schwester: verständnisvoll, Rolle der Vertrauten.
- Jüngere Schwester: frech und provozierend.

Der Vater
als Oberhaupt

Durch den Beruf des Vaters, eines Universitätsprofessors der Philosophie, ist Michaels Familie dem Bildungsbürgertum zuzuordnen. Durch sein hauptsächliches Forschungs- und Publikationsgebiet, die Philosophen Kant und Hegel, umgibt den Vater eine idealistische Aura, an der der junge Michael nicht ganz teilhaben kann. Weinkrämpfe, Schläge als Äußerungen turbulenter Gefühle kommen in seiner Familie nicht vor, das Verständigungsmittel ist die Sprache (vgl. S. 55). Denken, Lesen, Schreiben, Lehren (vgl. S. 31) sind die vorrangigen Tätigkeiten des Vaters, bei dem man, wenn er im Kreis seiner Familie nachdenkt, nie genau weiß, ob er nicht gerade wieder zu seiner Arbeit abschweift. Um Störfaktoren von seinem philosophischen Denken abzuhalten, kultiviert er eine professorale Förmlichkeit, die fast schon groteske Züge annimmt. Wie seinen Studenten, die sich zu Zeiten seiner Sprechstunde im Flur wartend aufreihen, gibt er auch seinen Kindern feste Be-

Professorale
Förmlichkeit

sprechungstermine, lässt sie anklopfen, eintreten und
das Problem vortragen. Zwar kümmert sich der Vater
um die Belange seiner Familie, doch ordnet er sie nicht
seiner Welt zu. Mit dem Status von Haustieren vergleicht Michael die Bedeutung, die der Vater den Famili-
enmitgliedern beimisst, mit Wesen, deren Unterhal-
tungswert man zu schätzen weiß, deren Pflege aber
auch gelegentlich zur Last fallen kann (vgl. S. 31). Auf
der Gefühlsebene empfindet Michael seinen Vater als
wenig mitteilsam und ausgeprägt, vielleicht, so ver-   **Gefühlsarmut**
mutet er, habe sein Vater in seiner Jugend einmal ein
reicheres Gefühlsleben besessen, das im Verlauf seines
Lebens durch einen Prozess des Verdorrens oder Abster-
bens (vgl. S. 134) auf der Strecke geblieben sei. Vielleicht
projiziert Michael bei solchen Erklärungen aber auch
nur Teile seiner eigenen Lebensgeschichte in die Biografie des Vaters, um so die Distanz zu erklären, die der
Vater zu seiner Umwelt aufbaut und die auch Michaels
Beziehung zu seinen Mitmenschen prägt. So bewahrt
der Vater mit ritualisierter Umständlichkeit die Rolle
des Familienoberhaupts. Als es darum geht, ob Michael
nach seiner langen Krankheit wieder zur Schule gehen
kann, überlässt die Mutter ihm die letzte Entscheidung,
die er dann nach einigem Nachdenken und Nachfragen
auch trifft.

Als Michael nach der Entdeckung von Hannas Analpha-   **Vater als Berater**
betismus nicht weiß, ob er sich nicht klärend und Hanna
entlastend in das Verfahren einmischen müsse, fragt er
schließlich seinen im Umgang mit moralischen Themen
erfahrenen Vater um Rat. Dabei entsteht ein Gespräch,
in dessen Verlauf zwar moralische Grundsatzfragen anschaulich behandelt, nicht aber Michaels persönliche
Probleme wirklich geklärt werden. Kaum auszumachen
ist allerdings, wer für den unbefriedigenden Ausgang
des Gesprächs die größere Verantwortung trägt. Michaels
Vater jedenfalls behandelt das Problem des Sohns auf einer abstrakten, vom konkreten Fall abgehobenen Ebene.
Seine Egozentrik, seine Befangenheit im eigenen Denken und seine Disziplin machen es ihm unmöglich, Michaels existenzielle Betroffenheit zu bemerken, oder,
wenn er sie bemerkt hätte, ihr offen zu begegnen. Michael muss zwar anerkennen, dass sein Vater anschaulich

argumentiert und moralische Positionen sogar an Szenen aus Michaels Erziehung verdeutlicht, doch wenn eine Frage Michaels aus der Sicht des Vaters „neben der Sache" (S. 138) liegt, ist das Gespräch beendet. Was diesen in den Grenzen seiner Philosophie lebenden Vater schließlich doch sympathisch macht, ist das Bewusstsein seiner eigenen Hilflosigkeit. Zwar kann er die Rolle, die er für Michael übernimmt, reflektieren, findet aber in dieser Situation keine Strategie, auf einer anderen als einer streng philosophischen Ebene mit ihm zu reden.

Missglückter Lebensbezug

Sind dem Vater höchste moralische Fragen und wichtige lebenspraktische Entscheidungen vorbehalten, so ist die Mutter eher für die Pflege der Kinder, die emotionale Wärme und das Einhalten der Konventionen zuständig. So veranlasst sie bereits im ersten Kapitel, nachdem Hanna den kranken Michael fürs Erste versorgt hat, eine ärztliche Diagnose und hält ihren Sohn nach seiner Gesundung dazu an, Hanna mit einem selbst gekauften Blumenstrauß einen förmlichen Dankesbesuch abzustatten. Offensichtlich hält die Mutter auf die gesellschaftliche Etikette und gibt durch ihr Insistieren dem Leben ihres Sohnes die entscheidende Wende. „Ich glaube nicht, daß ich sie sonst besucht hätte" (S. 7), schreibt der Ich-Erzähler rückblickend und betont, dass ein solcher Besuch für seine Mutter „selbstverständlich" (ebd.) gewesen sei. Damit verhält sich die Mutter in vergleichbarer Weise konventionell und ahnungslos wie Claudia Galotti, die Mutter Emilias, die durch ihre Zugeständnisse an die Gesellschaft das Glück ihrer Tochter aufs Spiel setzt. Diese zumindest vagen Bezüge zu Lessings „Emilia Galotti" sind nicht zuletzt deshalb nicht allzu weit hergeholt, als Lessings Drama der erste vollständige Text ist, den Michael Hanna vorliest (vgl. S. 43). Auch hängt es mit den frühkindlichen Erfahrungen zusammen, dass Hannas Waschritual auf Michael so eine intensive Wirkung ausübt.

Die Mutter: Hüterin der Konvention

Nähe zu Lessings Dramenfigur Claudia Galotti

Zwar zeigt sich nach Michaels erstem längeren Besuch bei Hanna und Fernbleiben von der Familie, den familiären Rollen entsprechend, die Mutter besorgt und der Vater eher ärgerlich, doch räumen ihm die Eltern zu seinem eigenen Erstaunen große Freiheiten ein. Ohne ihm jedoch in die Karten schauen zu können, provozieren

Die Geschwister

ihn gelegentlich seine Geschwister auf eine je eigene Weise. Der ältere Bruder, der gegenüber Michael die ganze Kindheit lang seine Überlegenheit hat verteidigen müssen, verhält sich herausfordernd, provozierend und den Bruder bloßstellend. Im Gegensatz dazu nimmt die ältere Schwester, durch ihr Studium bereits etwas distanzierter gegenüber der Familie, die Rolle der verständnisvoll Beobachtenden und Vertrauten ein. Selbstbewusst und frech gibt sich die jüngste Schwester, die Michael in den Osterferien zwar alleine zurücklässt, dafür aber ein Paar Jeans und einen Nickipullover erpresst und Michael zum Laden- und Kaufhausdiebstahl verführt.

Die Klassenkameradinnen und -kameraden

KURZINFO

- Mit den Klassenkameraden zwanglose Sozialkontakte während des Sommers. Zu der Mitschülerin Sophie intensive, aber nicht ausgelebte Gefühle. Spätere sexuelle Begegnung enttäuschend.

In dem Maße, wie Michaels Liebe zu Hanna in einen „Gleitflug" (S. 67) gerät, intensiviert sich seine Beziehung zu den Mitschülerinnen und -schülern. Begünstigt durch die Sommermonate bildet sich im Schwimmbad ein Zentrum für zwanglose Sozialkontakte. Hier herrscht die Leichtigkeit des „Redens, Scherzens, Spielens und Flirtens" (S. 71). Nur wenige der Klassenkameraden werden namentlich herausgehoben, unter ihnen der Schach- und Hockeyspieler Rudolf Bargen und der an Literatur und Geschichte interessierte Holger Schlüter. Für Michaels emotionale Entwicklung bedeutsamer ist allerdings die Banknachbarin Sophie, die als „braunhaarig, braunäugig, sommerlich gebräunt, mit goldenen Härchen auf den nackten Armen" (S. 64) beschrieben wird. Wenn Sophie Michaels aufmerksame Blicke spürt, wendet sie sich ihm zu und lächelt ihn an. Wie intensiv Michaels Gefühle zu ihr sind, enthüllt eine Schlüsselsituation aus dem Griechischunterricht, in dem Homers *Odyssee* gelesen wird. Bei der Übersetzung von Nausikaas Begegnung mit Odysseus kann sich Michael nicht mehr entscheiden, ob er bei der schönen Königstochter Nausikaa eher an Hanna oder an Sophie denken soll (vgl.

Neuer sozialer Fokus

Sophie: Konkurrenz zu Hanna

53

S. 66). Ein Blick auf den Homer'schen Text enthüllt die Vielschichtigkeit dieser literarischen Anspielung. Nausikaa wird bei Homer als „hohe, blühende Jungfrau" apostrophiert, als „lilienarmige Jungfrau", wobei hier die Bezüge zu Sophies „goldenen Härchen auf den nackten Armen" offenkundig werden. Gleichzeitig schafft der Text auch eine motivische Nähe zu Hannas Waschritualen. Nausikaa ist als einzige der am Strand spielenden Jungfrauen über den nackten, vom „Schlamm des Meeres besudelten" Odysseus nicht erschrocken, begegnet ihm freundlich, lässt ihm Öle und Salben reichen und ihn zum reinigenden Bad im Fluss führen (vgl. *Odyssee*, 6. Gesang). Dass in Michaels Fantasie Hanna und Sophie mit dem Bild Nausikaas zusammengebracht werden, ist ein Zeichen für die Verlockung, die von Sophie ausgeht. Sophie nimmt auch an Michaels Leben

Sophies
Enttäuschung

so viel Anteil, dass sie, während sie sich frierend vor einem Gewitter schützen, die Intimität der Situation nutzt und Michael nach dem offensichtlich geheim gehaltenen Bereich seines Lebens fragt. Durch ihr authentisches Interesse für Michaels Leben, ihre ehrliche Bereitschaft zur Anteilnahme müsste sie es Michael eigentlich leicht machen, über seine Beziehung mit Hanna zu reden. Doch auch diese Bekanntschaft leidet unter dem Schatten Hannas und hat keine Chance, sich zu entwickeln. Als Sophie nach diagnostizierter Tuberkulose und jahrelangem Sanatoriumsaufenthalt den Kontakt zu Michael wieder aufnimmt, ist sie nach einer episodischen sexuellen Begegnung tief enttäuscht über Michaels Teilnahmslosigkeit.

Die Ehefrau Gertrud

KURZINFO

- Mit ehemaliger Studienkollegin Gertrud fünfjährige Ehe, geschlossen wegen ungeplanter Schwangerschaft. Scheitern der Ehe aufgrund von Michaels dominanten Erinnerungen an Hannas Körperlichkeit.

Unerfüllte
Wünsche

Enttäuschend verläuft auch Michaels immerhin mehr als fünfjährige Ehe mit der ehemaligen Studienkollegin und späteren Mitreferendarin Gertrud. Als „gescheit, tüchtig und loyal" (S. 164) wird Gertrud bezeichnet, als lebenspraktisch und anpackend. Entwickelt hat sich die

Beziehung aus dem gemeinsamen Arbeitsbezug, geheiratet haben sie, weil „Gertrud ein Kind erwartete." (S. 164) Die Beziehung scheitert, weil Gertruds körperliche Ausstrahlung, ihre Sinnlichkeit, ihre Gerüche dem dauernden Vergleich mit Hanna nicht standhalten können. Gertrud wie Michael möchten der Ehe ein Ende setzen, trennen sich „ohne Bitterkeit" und „in Loyalität" (S. 165). Ohne von Michaels Beziehung zu Hanna erfahren zu haben, deutet Gertrud später Michaels Entscheidung, in der rechtsgeschichtlichen Forschung zu arbeiten, als „eine Flucht vor der Herausforderung und Verantwortung des Lebens" (S. 171).

„Die Tochter" als Zeugin

> **KURZINFO**
>
> • Die namentlich nicht genannte, in New York lebende Jüdin, mit ihrer Mutter einzige Überlebende in der brennenden Kirche, Zeugin im Prozess gegen Hanna. Klar abgegrenzte, distanzierte Frau, aber nachträglich im Gespräch mit Michael emotional geäußerte Empörung über Hannas Brutalität.

Aufgedeckt wird Hannas Vergangenheit durch das in Amerika veröffentlichte Buch jener Gefangenen, die mit ihrer Mutter zusammen auf dem Todesmarsch von Krakau nach Westen den Bombenangriff auf die Kirche überlebt hat. Ihr Name bleibt ungenannt, als „die Tochter" wird sie bezeichnet, doch kommt ihr innerhalb des Romangeschehens eine wichtige Funktion zu. Zum einen haben Justiz und Polizei nur aufgrund ihres Buches Nachforschungen aufgenommen, Hanna und die Mitangeklagten sowie weitere Zeugen aufgespürt und Anklage erhoben. Michael kann diesem Buch seinen Respekt nicht versagen: Zwar lasse es alle Beteiligten wenig „Gesicht und Gestalt" (S. 114) gewinnen und schaffe Distanz, doch dokumentiere es das Vermögen der Autorin, „zu registrieren und zu analysieren" (S. 115). Auch habe sich die Autorin weder durch Selbstmitleid noch durch das Bewusstsein, Überlebende zu sein, korrumpieren lassen. Zum andern ist es auch sie, die im Gerichtssaal spontan aufspringend berichtet, Hanna habe ihre Lieblinge, die „jungen, schwachen und zarten" (S. 112), als Vorleserinnen ausgewählt, ehe sie nach Auschwitz in den Tod geschickt worden seien. Damit erhält das Motiv des

Vorlesens eine entscheidend neue, verhängnisvolle Dimension.

Schließlich ist Michael durch Hannas Vermächtnis gehalten, mit der Tochter in Kontakt zu treten und ihr Hannas Ersparnisse zur weiteren Verwendung zu übergeben. Bei diesem Gespräch in New York wird aus der Distanz heraus und abschließend noch einmal über Hannas Schuld gesprochen. Michael beschreibt die Tochter als sachlich und abgegrenzt, weder freundlich noch unfreundlich, mit einem „eigentümlich alterslosen" Gesicht (vgl. S. 200). Zunächst bleibt sie abweisend und kühl, zielt mit ihren direkten Fragen und Bemerkungen unmittelbar auf den Kern der Dinge. So erreicht sie es, dass ihr Michael ohne Umschweife die wichtigsten Informationen über seine Beziehung zu Hanna mitteilt. Ihre darauf reagierende Einschätzung „Was ist diese Frau brutal gewesen" (S. 202) bringt in aller Deutlichkeit zum ersten Mal eine Position der Opfer zur Sprache, in die nun auch Michael mit seinem Lebensschicksal einbezogen ist. Zwar verweigert die Tochter jede Form der Absolution und der Anerkennung von Hannas Bemühen, ihre Schuld aufzuarbeiten, doch ermächtigt sie Michael schließlich, das Geld einer jüdischen Einrichtung zu überweisen. Dass sie allerdings Hannas Teedose behält, weil ihr eine ähnliche im Lager entwendet wurde, lässt zumindest auf emotionale Betroffenheit schließen.

Die Thematik

Liebe und Schuld

KURZINFO

- Unterschiedliche Bewertungen der Liebesgeschichte in den Rezensionen: von „heimlicher Romanze" bis zu „sado-masochistischem Verhältnis".
- Zufälligkeit, Beliebigkeit der Beziehung, Fehlen eines sozialen Kontexts. Dominanz der Körperlichkeit, reduzierter sprachlicher Austausch.
- Hannas dominante Rolle und Ausnutzung der sexuellen Bedürftigkeit des Heranwachsenden.
- Michaels Liebe zu Hanna als Flucht vor der Außenwelt in ritualisiertem Ablauf: Reinigung, Liebe, Vorlesen. Abschirmung vor Geräuschen der Lebenswelt, Genießen der Körperlichkeit. Isolation der Beziehung Anlass für Konflikte.
- Hannas sadistische Machtspiele, Michaels Anpassung und Unterwerfung, aber auch wachsendes Selbstvertrauen im Umgang mit Klassenkameraden, vorübergehende Emanzipation von der elterlichen Moralerziehung.
- Michaels Schuldgefühle wegen Verrats an Hanna, des Verleugnens ihrer Beziehung als Pflichtverletzung.
- Nach Hannas Verschwinden intensive Trauer, Deutung ihres Handelns als Strafe für seinen Verrat.
- Mit Hannas Enttarnung als NS-Aufseherin neue, belastende Schuldgefühle Michaels wegen seiner Liebe zu einer Verbrecherin, zu einer ihm letztlich unbekannten Frau.

Die Liebesgeschichte zwischen Michael und Hanna wird schon in den ersten Rezensionen des Romans auffallend unterschiedlich charakterisiert und bewertet. So deutet beispielsweise Werner Fuld die Episode als „heimliche Romanze zwischen einem 15-jährigen Gymnasiasten und einer reifen, 20 Jahre älteren Frau" (*Focus*, 30.09.95), Rainer Moritz sieht die Liebesgeschichte als eine „Zufallsbegegnung, aus der eine heftige Leidenschaft wird, eine ungleiche und unvergessliche Verbindung" (*Die Weltwoche*, 23.11.95). Etwas kritischer beurteilt Volker Hage die Beziehung als „sanftes Hinübergleiten aus dem Zustand nicht mehr ganz reiner Unschuld in die reine Lust, die beim Jungen schon bald zur sexuellen Abhängigkeit wird" (*Der Spiegel*, 20.11.95). Marion Löhndorf schließlich hebt auf die sich nachträglich erschließenden Tiefendimensionen dieser Liebesbegegnung ab und urteilt erheblich schärfer: „Im Rückblick werden Grundzüge eines sado-masochistischen Verhältnisses sichtbar,

Facetten
der Liebes-
geschichte

dem der damals Fünfzehnjährige verständnis- und hilflos ausgeliefert war." (*Neue Zürcher Zeitung*, 28.10.95) Wenn sie auch ganz unterschiedliche Akzente setzen, heben diese Deutungen doch jeweils zentrale Aspekte der Beziehung zwischen Michael Berg und Hanna Schmitz hervor. Tatsächlich sind Zufälligkeit und Heimlichkeit, Altersunterschied und sexuelle Abhängigkeit, Lust und Unterdrückung sowie ihr Gegenstück, die Unterwerfung, wichtige Merkmale dieser Liebesbeziehung.

Zufälligkeit der Begegnung

Dass es dazu kommt, dass sich zwischen dem aus bildungsbürgerlicher Familie stammenden Michael und der um zwei Jahrzehnte älteren Straßenbahnschaffnerin Hanna eine leidenschaftliche Beziehung entwickeln kann, hängt zunächst mit einer Kette von Zufällen zusammen. Zufällig bricht Michael vor Hannas Haus zusammen und zufällig ist Hanna zur Stelle, um den geschwächten Jungen zu stützen und nach Hause zu bringen. Dass Michaels Mutter von der Existenz dieser unbekannten Helferin erfährt, ist ebenso wenig zwingend wie ihr konventioneller Auftrag an den Sohn, sich mit einem Blumenstrauß zu bedanken. Dass sich Michael bei seinem ersten Besuch von Hannas Körper derart angezogen fühlt, dass sich schon zu diesem Zeitpunkt der Kontakt unter der Oberfläche alltäglicher Verrichtungen in hohem Grade erotisch auflädt, birgt auch Momente des Beliebigen in sich. Unter sozialen Aspekten haftet dieser Beziehung nichts Zwingendes an. Es gibt keine Phase des Kennenlernens, des Flirtens, der längeren Gespräche und der langsamen Annäherung, wie es Michael später bei Sophie erlebt. Auch fehlt bei Hanna jegliche Einbettung in einen sozialen Kontext, in eine schützende Gruppe wie die einer Schulklasse. So ist die Beziehung zu Hanna schon zu Beginn eine aus allen sozialen Bindungen herausgehobene, isolierte Affäre, einzig gehalten durch eine jeweils unterschiedlich motivierte Anziehung. Dass sich Michael eigentlich erst in der Nacht nach der ersten Liebesbegegnung mit Hanna in sie verliebt, ist bezeichnend für die Kontextlosigkeit der Beziehung.

Fehlender sozialer Kontext

Körperlichkeit der Beziehung

Für Michael ist diese Beziehung von den ersten Begegnungen an eine elementar körperliche. Wenn er Hanna im Bereich ihrer Wohnküche sich bewegen sieht, wenn sie beim Bügeln oder Anziehen ihrer Strümpfe wie zufällig erotische Perspektiven auf ihren Körper gewährt, schwankt Michael, dieser intimen Inszenierung zunächst nur aus Höflichkeit und aus Gehorsam gegenüber der Mutter ausgesetzt, zwischen erotischer Erregung, Scham und Verlegenheit. Rückblickend deutet er die Faszination, die Hanna auf ihn ausgeübt hat, als die „Weltvergessenheit" (S. 17), die Hannas Haltungen und Bewegungen ausgestrahlt hätten und die in ihm den verführerischen Wunsch geweckt habe, „im Inneren des Körpers die Welt zu vergessen" (S. 18). Gegenüber dieser dominanten körperlichen Anziehung spielt der sprachliche Austausch zunächst eine ganz untergeordnete Rolle. Hannas direkte Rede beschränkt sich auf wenige Anweisungen und kurze Verständigungssätze, Michael kann sich an die Begrüßungssätze und die Danksagung beim Überreichen des Blumenstraußes nicht mehr entsinnen und stellt weiter fest: „Ich erinnere mich auch nicht mehr, was wir in der Küche geredet haben." (S. 13) Von dem späteren Ritual des Vorlesens abgesehen, finden anspruchsvolle Gespräche, die über die unmittelbare Absprache gemeinsamer Erlebnisse hinausgehen, ebenso wenig statt wie ein klärender Austausch über ihre Beziehung. „Ich konnte mit ihr nicht darüber reden" (S. 50) konstatiert Michael, wenn es um die eigentlich notwendige Klärung von Konflikten geht.

Bedeutungslosigkeit der Sprache

Nicht nur im hohen Altersunterschied und der völlig verschiedenen Lebenserfahrung, sondern auch in der Konstellation der ersten Begegnungen gründet Hannas dominante Rolle. Ihre Kontaktaufnahme mit Michael beginnt mit dem Gestus der Hilfeleistung, Michaels erste bewusste Reaktion ist ein förmlicher Besuch des Dankes. Für Hanna bleibt in dieser empfindlichen ersten Phase der Beziehung nicht viel mehr zu tun, als genau zu beobachten und abzuwarten. So durchschaut sie offensichtlich sehr schnell die sexuelle Bedürftigkeit des Heranwachsenden und vermag die Sehnsucht nach der Erfüllung seiner erotischen Träume zu erahnen. Inwieweit dann hinter ihrer an Michael gerichteten Anweisung, aus dem Keller zwei Schütten Kohlen zu holen und anschließend zu baden, eine bewusste Inszenierung

Hannas Dominanz

Bewusste Erotisierung

steht, bleibt im Unklaren. Tatsache ist, dass sie Michaels in der bergenden Wärme des Bades aufkommende Erregung ausnutzt. Mit dem einleitenden Satz: „Darum bist du doch hier!" (S. 26) gibt sie Michael zu verstehen, dass sie seine geheimen Ziele kennt, dass sie mit ihnen einverstanden ist, dass sie falsche Scham und Drumherum-Reden erst gar nicht entstehen lassen will. So erleichtert sie Michael die Zuwendung zu ihrem Körper und bietet dem noch unerfahrenen Jungen eine geduldige Einweisung in die Sphäre der Erotik und Sexualität. Gleichzeitig gibt sie aber nicht zu erkennen, was eigentlich ihre Interessen an einer solchen Beziehung sind, und schirmt sich in ihrer eigenen Triebdynamik weitgehend ab. Wenn sie schließlich Michaels Schrei mit ihrer Hand auf seinem Mund erstickt (vgl. S. 27), signalisiert sie ziemlich deutlich, dass sie auch die Grenzen seiner Emotionalität bestimmen will.

Abschirmung von der Lebenswelt

Ausprägung des Rituals

Aus tiefenpsychologischer Sicht ließe sich die Einladung, in Hannas Körper die Welt zu vergessen, als die regressive Verlockung deuten, in die unbeschwerte Ruhe des Mutterleibs zurückzukehren. Diese Deutung verweist darauf, dass Michael in dieser Lebensphase einen Fluchtpunkt, einen von der konflikthaltigen Außenwelt abgeschirmten Ort sucht. So schaffen sich denn auch Hanna und Michael eine eigene, von der Lebenswelt abgeschottete intime Welt, die sie durch Rituale stabilisieren. Ein solches Ordnung stiftendes Ritual besteht zunächst in der Reihenfolge „duschen, lieben und noch ein bißchen beieinanderliegen", wobei etwas verspätet noch das „Vorlesen" als Einleitung hinzukommt (vgl. S. 43). Auffallend ist, wie intensiv gerade Hanna mit dem Wasser, dem Medium der Reinigung und der Erneuerung, aber auch der Initiation (vgl. Köster, S. 73) umgeht, wie sie Michael in die gründliche und selbstbewusste Handhabung des Waschvorgangs einweist (vgl. S. 33). Das Vorlesen ist für Michael hingegen zunächst eine empfindliche Störung der Harmonie, eine Ablenkung vom Lieben und Beieinander-Liegen, so dass er froh ist, wenn er durch den dann folgenden Waschvorgang seine Sinne wieder in der Körperlichkeit aufgehen lassen kann. Durch das Vorlesen kommt ein Stück Außenwelt in die Abgeschlossenheit der Beziehung, eine künstlerisch gestaltete zwar, aber eine, zu der Stellung genommen werden muss und die ablenkt. Am wohlsten fühlt sich Michael dann, wenn keine störenden Außengeräusche, keine trivialen Sinneseindrücke ihn vom ruhigen Genießen der Körperlichkeit abhalten: „Wenn sie auf mir eingeschlafen war, im Hof die Säge schwieg, die Amsel sang und von den Farben der Dinge in der Küche nur noch hellere und dunklere Grautöne blieben, war ich vollkommen glücklich." (S. 44) Nach der letzten, als besonders intensiv erlebten Liebesbegegnung mit Hanna taucht Michael denn auch, ehe er sich im Schwimmbad der Gruppe seiner Klassenkameraden und -kameradinnen wieder zuwenden kann, „in das chlorige, milchige Wasser und hatte kein Bedürfnis, wieder aufzutauchen." (S. 77)

Es ist abzusehen, dass eine solche, von allen lebensweltlichen Bezügen abgetrennte Beziehung kaum eine Zukunft hat. Andererseits führen Michaels Versuche, aus der Vertrautheit des von Hanna überwachten Rituals auszuscheren, zu Irritationen bis handfesten Auseinandersetzungen. Schon Michaels Frage nach Hannas Namen löst bei ihr Bestürzung aus (vgl. S. 34), die Erwähnung seiner laschen Arbeitshaltung in der Schule führt zu einem ernsthaften Konflikt (vgl. S. 36 f.). Michaels Absicht, Hanna überraschend an ihrem Arbeitsplatz zu besuchen, scheitert gerade daran, dass er einen Teil der abgeschlossenen „Privatheit" (S. 45) mit hinübernehmen will und deshalb, für Hanna unverständlich, in den zweiten Wagen der Straßenbahn einsteigt. Der anschließende Streit mit ihr endet zwar mit Michaels endgültiger Kapitulation, bringt ihm aber auch die Erkenntnis, dass das gewohnte Ritual einer Öffnung bedürfe: „So verstellt dieser erste Streit und überhaupt unser Streiten war", so stellt Michael rückblickend fest, „alles, was unser Ritual des Vorlesens, Duschens, Liebens und Beieinanderliegens öffnete, tat uns gut." (S. 51) Was Hanna und Michael nun gemeinsam unternehmen, ist allerdings keine Öffnung des Rituals in das soziale Umfeld, sondern in fremde oder verlassene Räume, in denen kein Risiko besteht, erkannt zu werden. Die mehrtägige Radtour in den Osterferien führt durch den abgeschiedenen Odenwald, das Abendessen in seinem Elternhaus

Die Folgen des fehlenden Kontakts zur Außenwelt

Scheinbare Öffnung nach außen

arrangiert Michael dann, wenn er niemanden zu Hause weiß. Der gemeinsame Besuch von Schillers „Kabale und Liebe" erfolgt im Theater der Nachbarstadt. Hier kann Michael voller Stolz über seine Kühnheit den Arm um Hannas Taille legen, allerdings im Bewusstsein, „daß es mir im Theater in meiner Heimatstadt nicht egal gewesen wäre", und mit der Frage: „Wußte sie es auch?" (S. 70)

Sadomasochistische Strukturen

Dass diese Liebesbeziehung gerade in der Phase erster Öffnungsversuche nach außen und deutlicher noch aus rückblickender Perspektive sadomasochistische Strukturen erkennen lässt, ist kaum zu bestreiten. Wenn man Sadismus als ein Verhalten bezeichnet, bei dem „die Befriedigung an das dem andern zugefügte Leiden oder an dessen Demütigung gebunden ist" (Laplanche/Pontalis, S. 447), so ist Hannas Handeln sicherlich in einzelnen Situationen dem sadistischen Formenkreis zugehörig. Das dazu komplementäre Verhalten des Masochismus, bei dem „die Befriedigung an das Leiden oder an die Demütigung, die das Subjekt erduldet, geknüpft ist" (ebd., S. 304) oder bei dem im moralischen Sinne das Subjekt „aufgrund eines unbewußten Schuldgefühls sich in die Position des Opfers begibt" (ebd.) und sich erniedrigt, lässt sich zumindest tendenziell in Michaels Reaktionen nachweisen. Diese Strukturen treten besonders deutlich in jenem Streit zutage, der sich an Michaels missglückten Überraschungsbesuch in der Straßenbahn anschließt. Hanna insistiert vehement und unerbittlich auf ihrer Deutung, grenzt sich barsch ab und verweist Michael aus ihrer Wohnung. Gleichzeitig hat sie aber schon alle Vorbereitungen zu ihrem gewohnten Ritual getroffen.

Michaels Anpassung

Michael unterwirft sich ihrer Dominanz ganz rückhaltlos. Sein Geständnis, „gedankenlos, rücksichtslos, lieblos gehandelt" (S. 49) zu haben, steigert er schrittweise: „Ich verstand, daß sie gekränkt war. Ich verstand, daß sie nicht gekränkt war, weil ich sie nicht kränken konnte. Ich verstand, daß ich sie nicht kränken konnte, daß sie sich mein Verhalten aber einfach nicht bieten lassen durfte. Am Ende war ich glücklich, als sie zugab, daß ich sie verletzt hatte." (S. 49) Von da ab prägen Unterwerfungsrituale den täglichen Umgang, Michael gibt Fehler zu, die er nicht begangen hat, fleht, bettelt um Verzeihung und Liebe. Wenn er auch gelegentlich den Eindruck hat, Hanna leide selbst unter „ihrem Erkalten und Erstarren" und sehne sich nach der Wärme seiner „Entschuldigungen, Beteuerungen und Beschwörungen" (S. 50), sieht er doch keine Möglichkeit, sich aus diesen Zwängen zu befreien.

Zwar gibt es einige Anzeichen dafür, dass Michael Hannas „Machtspiel" (S. 49), ihre Neigung, über ihn zu triumphieren (vgl. S. 50), durchschaut und damit die Nähe ihrer Beziehung zu sadomasochistischen Ritualen erahnt, doch hindern ihn seine Unerfahrenheit und vor allem seine Abhängigkeit von Hanna daran, gegen diese Mechanismen zu revoltieren. Für Michael bedeutet die erfüllte Sexualität mit Hanna eine erfolgreiche Initiation in die Welt der Erwachsenen. Mit ihr gehen eine Befreiung aus der Bevormundung durch die Familie, ein wachsendes Selbstbewusstsein, eine Aura des Erfolgs, eine Sicherheit im Umgang mit den Klassenkameradinnen und -kameraden und ein jederzeit verfügbares Lusterleben einher. Durch ihre komplementäre Struktur von Unterdrückung und Unterwerfung und durch die völlige soziale Isolation der Beziehung entsteht bei Michael jedoch eine Prägung, die ihn zu künftigen Beziehungen auf lange Zeit unfähig macht. Auch als er bereits weiß, dass er mit Hanna eine NS-Verbrecherin geliebt hat, bleibt der sinnliche Eindruck, den die Berührung von Hannas Körper und die Skala ihrer Düfte in ihm erweckt haben, die Vergleichsgröße, an der sich alle anderen Frauen messen lassen müssen.

Prägung durch Hanna

Da Michael von Elternhaus und Kirche eine „moralische Erziehung" (S. 20) erhalten hat, kann er die Beziehung zu Hanna von Anfang an nicht ohne Schuldgefühle erleben. Bereits zwischen seinem ersten und zweiten Besuch bei Hanna, einer Zeit, wo er noch zu gesundheitlicher Schonung angehalten wird, plagt ihn ein schlechtes Gewissen. Die nun unwillkürlich entstehenden sexuellen Traumbilder empfindet er als nicht rechtens, für noch schlimmeres Unrecht sieht er es an, wenn er solche „Bilder und Szenen" nicht nur „passiv träumte, sondern auch „aktiv phantasierte" (S. 20). Nachdem sich Michael schließlich durch einen Sprung in die „sündige

Michaels Umgang mit Gewissensnöten

Tat" (S. 21) von seinen Gewissensqualen befreit hat, folgt eine Phase hochgestimmter Empfindungen, die Schuldgefühlen keinen Platz mehr lässt. Weder quält es ihn, seine Eltern zu belügen, noch belasten ihn die Diebstähle, die er für seine kleine Schwester und für Hanna begeht. Sigmund Freud erklärt solche Schwankungen in der Sensibilität des Gewissens mit dem jeweiligen Wohlbefinden des Individuums: „Solange es dem Menschen gutgeht, ist auch sein Gewissen milde und läßt dem Ich allerlei angehen; wenn ihn ein Unglück getroffen hat, hält er Einkehr in sich, erkennt seine Sündhaftigkeit, steigert seine Gewissensansprüche, legt sich Enthaltungen auf und bestraft sich durch Bußen." (Freud, „Unbehagen in der Kultur", S. 253)

Gewissenskonflikt durch Verheimlichen

Aber in dem Maße, in dem seine Klassenkameradinnen und -kameraden sich als soziale Gruppe konstituieren und für ihn an Anziehungskraft gewinnen, gerät Michael in einen Gewissenskonflikt. Als in strengen moralischen Kategorien denkender Mensch spürt er in sich die Pflicht, sich gegenüber seinem gesellschaftlichen Umfeld zu der Beziehung zu Hanna bekennen zu müssen. Gleichzeitig weicht er einem solchen Bekenntnis aus, schiebt es so lange hinaus, bis er dafür den schicklichen Augenblick verpasst zu haben glaubt. Es wird ihm nur zu bewusst sein, dass Hanna aufgrund ihres Alters, ihres Bildungsstands, ihrer ganz anderen Weltsicht und Interessenlage in Michaels Gleichaltrigengruppe nicht integrierbar ist. Sich offen zu einer Liebesbeziehung mit ihr zu bekennen, würde Michaels Status in dieser Gruppe empfindlich berühren. Gerade die Person, der er seine frisch gewonnene Selbstsicherheit verdankt, das scheint er genau zu spüren, darf öffentlich nicht erscheinen.

„Verrat" an Hanna

Aufgrund seines rigiden moralischen Denkens betrachtet Michael sein Verhalten als einen „Verrat": „Ich habe verschwiegen, was ich hätte offenbaren müssen. Ich habe mich nicht zu ihr bekannt." (S. 72) Von seiner religiösen Bildung her könnte sich Michael hier an das biblische Vorbild des Petrus erinnert fühlen, der, noch ehe der Hahn krähte, seinen Herrn dreimal verleugnete, hinausging und bitterlich weinte (vgl. Matthäus 26, 69–75). In moralphilosophischer Sicht beurteilt Michael sein

Verhalten nach der strengen Tugendlehre des Philosophen Kant, mit dem sich auch sein Vater intensiver befasst und über den er als Philosophieprofessor ein wissenschaftliches Buch geschrieben hat (vgl. S. 61). Nach Kant ist die „größte Verletzung der Pflicht des Menschen gegen sich selbst, bloß als moralisches Wesen betrachtet, […] das Widerspiel der Wahrhaftigkeit: die Lüge" (Kant, „Metaphysik der Sitten", S. 562). Als ein solcher Verstoß gegen die Pflicht zur Aufrichtigkeit, so macht Kant durch ein späteres Beispiel deutlich, sind auch das Verleugnen einer Person und erst recht ihr Verrat einzuordnen. Wer sich eines solchen schuldig macht, vernichtet seine Menschenwürde und zwar auch dann, wenn er eine gute Absicht damit verfolgt: „Es kann auch bloß Leichtsinn, oder gar Gutmütigkeit, die Ursache davon sein, ja selbst ein guter Zweck dadurch beabsichtigt werden, so ist doch die Art, ihm nachzugehen, durch die bloße Form ein Verbrechen des Menschen an seiner eigenen Person und eine Nichtswürdigkeit, die den Menschen in seinen eigenen Augen verächtlich machen muss." (Kant, ebd., S. 563) Michael, der in diesen moralischen Bahnen denkt, ist sich völlig bewusst, dass er keine offensichtliche Pflichtwidrigkeit begeht, dass es für die Verwerflichkeit seines Verleugnens aber genügt, wenn er sich dessen genau bewusst ist (vgl. S. 72). Wenn er schließlich urteilt, ein solches Verleugnen entzöge seiner Beziehung zu Hanna den Boden (vgl. ebd.), so sieht er die Folgen seines Verhaltens ziemlich klar: Durch die vor sich selbst vollzogene Pflichtverletzung des Verleugnens werden auch die innere Nähe zur verleugneten Person und die Empfindungsweise ihr gegenüber beeinflusst.

Dass er seine Freundinnen und Freunde an seinem Leben teilnehmen lässt, die für ihn wichtigste Beziehung aber verschweigt, wird für Michael durch zwei Schlüsselsituationen zunehmend quälender. Zum einen deutet er in einem vertraulichen Gespräch mit Sophie zwar an, dass es in seinem Leben etwas gibt, das seine gelegentliche Distanz zu seinen Freunden erklären könnte, doch vertagt er ein offenes Reden darüber auf später (vgl. S. 74). Zum andern wirkt Hannas plötzliches Erscheinen im Schwimmbad, Michaels verzögertes, halbherziges Reagieren sowie Hannas Verschwinden fast schon trau-

Kants Tugendlehre

Schuld- und Strafvorstellungen

matisierend. In der anschließenden Phase der intensiven Trauer, verbunden mit Nahrungsverweigerung und sozialer Isolation (vgl. S. 80), gerät Michael in eine Situation, die Freud als Zustand der Melancholie beschreibt. Sie zeichnet sich aus durch eine „tief schmerzliche Verstimmung, eine Aufhebung des Interesses für die Außenwelt, durch den Verlust der Liebesfähigkeit, durch die Hemmung jeder Leistung und die Herabsetzung des Selbstgefühls, die sich in Selbstvorwürfen und Selbstbeschimpfungen äußert und bis zur wahnhaften Erwartung von Strafe steigert" (Freud, „Trauer und Melancholie", S. 198). In einer solchen Situation scheint sich Michael zu befinden, wenn er Hannas Verlassen der Stadt als Reaktion auf seinen „Verrat" deutet und als Gewissheit formuliert: „Zur Strafe dafür war sie gegangen." (S. 80)

Schließlich erhalten Michaels Schuldgefühle im Verlauf von Hannas Prozess eine neue Dimension. Konfrontiert wird er nun mit der Erkenntnis, dass Hannas Leben von ganz anderen Motiven bestimmt wurde als von denen, die er ihr bisher unterstellt hatte. Dennoch beharrt Michael auf seiner Schuld, wenn er sie auch nunmehr darin sieht, eine Verbrecherin geliebt zu haben. Damit hindert ihn Hanna ein zweites Mal daran, sich mit den Vertretern seiner Generation als Gleichgesinnter zu solidarisieren. Während die anderen Studenten mit „auftrumpfender Selbstgerechtigkeit" (S. 162) auf die Generation der Täter zeigen, glaubt Michael, auf Hanna zeigen zu müssen. „Aber der Fingerzeig auf Hanna wies auf mich zurück. Ich hatte sie geliebt. Ich hatte sie nicht nur geliebt, ich hatte sie gewählt." (S. 162) Michael kann seine rigiden moralischen Vorstellungen auch jetzt nicht abbauen, selbst wenn er sich vergegenwärtigt, dass er von Hannas Vergangenheit keine Kenntnis hatte. Wenn er versucht hat, etwas über Hannas Lebenswelt und ihre Vergangenheit zu erfahren, hat sie ihn mit wenigen ungenauen Informationen abgespeist (vgl. S. 40) oder sich hinter ritualisierten Ablenkungen verschanzt (vgl. S. 75). Es ist ihm nicht gelungen, von ihrem Leben mehr zu bekommen als den Platz, „den sie mir geben wollte" (S. 75). Dennoch bleibt bei Michael das Schuldgefühl zurück, mit einer Frau Intimität erlebt zu haben, ohne sie wirklich zu kennen.

Liebe zu einer Verbrecherin als Schuld

Die Vergangenheit vor Gericht

- Hannas Prozess im Kontext der strafrechtlichen Aufarbeitung von NS- und Kriegsverbrechen. Probleme der Ermittlung und Bewertung individueller Schuld. Effektivierung der Fahndung nach NS-Verbrechern durch Einrichtung einer Zentralstelle.
- Grenzen der Verfolgung durch Verjährung von Verbrechen wie Totschlag. Keine Verjährungsfrist für Mord. Geschärftes Bewusstsein der Öffentlichkeit durch Auschwitz-Prozess 1963-1965.
- Anklage Hannas und vier weiterer Frauen aufgrund eines in Amerika erschienenen Buchs einer Zeugin und eines Berichts in Akten der SS.
- Grausamkeit und Heimtücke des Handelns als juristisches Merkmal des Straftatbestandes Mord.
- Zwei Hauptanklagepunkte: Selektion der schwächeren Frauen im Arbeitslager zum Abtransport nach Auschwitz. Zurücklassen von gefangenen Frauen in einer verschlossenen, brennenden Kirche.
- Hannas fehlende Einsicht, Teilnahmslosigkeit und Selbstbelastung. Ihre Auswahl jüngerer Frauen als Vorleserinnen und anschließend für den Transport nach Auschwitz zusätzlich belastend.
- Hannas Werte: Ordnung, Verantwortung, Konformität, Vermeidung von Unannehmlichkeiten. Unbeugsame Haltung, Kaschieren des Analphabetismus, fehlendes strategisches Wissen, mitverantwortlich für strenges, problematisches Urteil.

Mit der überraschenden Feststellung „Ich sah Hanna im Gerichtssaal wieder" und dem lakonischen Zusatz „Es war nicht der erste KZ-Prozeß und keiner der großen" (S. 86) beginnt der Erzähler seinen Bericht über Hannas Gerichtsverhandlung. In der Tat ist dieser Prozess unter dem Aspekt der Öffentlichkeitswirksamkeit nicht herausragend, vom Ausmaß der begangenen Verbrechen her nicht der schockierendste und unter dem Aspekt der Zeitdauer keiner, der sich über Jahre hingezogen hätte. Doch fällt er, im Frühjahr 1966 begonnen, in eine Zeit, in der sich zunehmend ein geschärftes Bewusstsein für NS-Verbrechen in der Öffentlichkeit und vor allem in der studentischen Jugend entwickelt. Sehr deutlich beschreibt der Erzähler das Wir-Gefühl, das er und seine Kommilitonen bei der Aufarbeitung der Vergangenheit, der schuldhaften Verstrickung ihrer Elterngeneration empfinden (vgl. S. 87 f.).

Stellenwert von Hannas Prozess

Als Hanna vor dem Schwurgericht steht, ist ein Teil der „großen" NS-Prozesse bereits abgeschlossen. Zu nennen

Nürnberger Prozesse

wären hier zunächst die unmittelbar nach dem Krieg vor dem Internationalen Gerichtshof in Nürnberg gegen 24 prominente NS-Größen geführten Prozesse, die nach zehnmonatigen Verhandlungen mit Todesstrafen oder hohen Freiheitsstrafen und auch zwei Freisprüchen endeten. Hinzu kamen weitere Verfahren vor den Militärgerichtshöfen der einzelnen Besatzungsmächte. Was da an Kriegsverbrechen und Verbrechen gegen die Menschlichkeit aufgedeckt wurde, erschütterte zwar die Öffentlichkeit, ließ sich gleichzeitig aber auch nur allzu leicht beiseite schieben. Zum einen wurden in diesen „Nürnberger Prozessen" kriminelle Vergehen mit militärischen und politischen vermischt, so dass in der Öffentlichkeit der Eindruck entstehen konnte, hier werde willkürlich Rache genommen und eine „Siegerjustiz" praktiziert. Zum andern richtete man nach einem dem „Londoner Abkommen über die Bestrafung der Hauptkriegsverbrecher der europäischen Achse" beigefügten Statut und später nach einem vom Kontrollrat der Alliierten eigens geschaffenen Gesetz zur „Bestrafung von Personen, die sich Kriegsverbrechen, Verbrechen gegen den Frieden oder gegen die Menschlichkeit schuldig gemacht haben" (Rückerl, S. 34), was den Alliierten den Vorwurf einbrachte, rückwirkend neues Recht geschaffen zu haben (vgl. Hey, S. 55). Denn ein fundamentaler Rechtsgrundsatz, im Artikel 103 des Grundgesetzes formuliert, besagt, dass eine Tat nur dann bestraft werden kann, wenn sie zum Zeitpunkt des Begehens auch unter Strafe gestanden hat.

Mit Beginn der fünfziger Jahre konnten NS-Verbrechen von deutschen Gerichten auch nach den Vorschriften des deutschen Strafrechts verfolgt werden. Es erwies sich jedoch recht bald, dass das auf individualistische Straftaten ausgelegte deutsche Strafrecht, auf NS-Verbrechen angewendet, zu aufwändigen Verfahren führte. Da bei solchen Verbrechen meist mehrere Täter beteiligt waren, galt es, den individuellen Tatbeitrag des Einzelnen zu ermitteln, die genauen Tatumstände zu rekonstruieren und die genaue Einstellung des Täters zu seinem Verbrechen herauszufinden, was sich mit zunehmendem zeitlichen Abstand als schwierig erwies (vgl. Hey, S. 58f.). Dies zeigt die Zeugenvernehmung im Verlauf von Hannas Prozess eindrucksvoll.

Abwehr durch die Öffentlichkeit

Verfahren nach deutschem Recht

Neben der Schwierigkeit, die individuelle Schuld angesichts sich widersprechender Zeugenaussagen und schwieriger Beweislage nach so langer Zeit noch auszumachen, nahm auch die Zahl der bei den Strafverfolgungsbehörden eingehenden Anzeigen von NS-Verbrechen mit Beginn der fünfziger Jahre ab. Viele der ehemaligen Lagerinsassen waren ins Ausland emigriert oder hatten sich inzwischen in der Bundesrepublik eine Existenz aufgebaut und zeigten an der Verfolgung zurückliegender Verbrechen kein Interesse mehr. Hier sorgten jedoch die Ereignisse des Jahres 1955 für eine Wende. Es wurden in diesem Jahr Tausende deutscher Kriegsgefangener aus der Sowjetunion entlassen, unter ihnen sowohl Täter als auch Zeugen von im Osten begangenen NS-Verbrechen. Ein Jahr später war ein an Massenerschießungen von Juden beteiligter ehemaliger SS-Oberführer nur durch Zufall entdeckt und im „Ulmer-Einsatzgruppen-Prozess" 1958 verurteilt worden. Deutlich bewusst wurde nun, dass überhaupt erst ein Bruchteil der im Osten begangenen NS-Verbrechen aufgedeckt und geahndet worden war (vgl. Rückerl, S. 49 f.). Dies führte dazu, dass die Justizminister der Länder 1958 eine „Zentrale Stelle der Landesjustizverwaltungen zur Aufklärung nationalsozialistischer Verbrechen" in Ludwigsburg einrichteten. Aufgabe dieser Stelle war es künftig, über aufzuklärende Straftaten Unterlagen zu sammeln, sie zu sichten, den Verbleib der Täter herauszufinden und die so vorbereiteten Fälle an die zuständigen Staatsanwaltschaften weiterzuleiten.

Die verstreichende Zeit und damit das Problem der Verjährung bereiteten der Verfolgung von NS-Verbrechen eine weitere Schwierigkeit. Nach dem deutschen Strafrecht waren mittelschwere Verbrechen, die mit einem Freiheitsentzug bis zu fünf Jahren geahndet werden, bereits 1950 verjährt. Schon ab 1960 konnten als „Totschlag" und als „Beihilfe zum Mord" zu qualifizierende Verbrechen nicht mehr verfolgt werden, wenn nicht zuvor durch eine juristische Intervention die Verjährungszeit verlängert worden war. Es drohte der 9. Mai 1965 als der Tag, an dem auch als Mord klassifizierbare Verbrechen verjährt gewesen wären. Dass dies nicht eintrat, hängt damit zusammen, dass die Zentrale Stelle

Probleme
der Ermittlung

Einrichtung einer
Zentralstelle

Problem der
Verjährung

in Ludwigsburg in der Zwischenzeit aus den Vereinigten Staaten, Kanada, Australien und Polen Dokumentenmaterial über NS-Morde gesammelt hatte, die bisher noch nicht strafrechtlich verfolgt worden waren. Gleichzeitig offenbarte der zwischen 1963 und 1965 geführte erste große Auschwitz-Prozess in Frankfurt einer breiten Öffentlichkeit, mit welch einer Brutalität und Grausamkeit die ehemaligen KZ-Aufseher nichts anderes als „ihre Arbeit" gemacht haben (vgl. Renz, S. 41). Vor diesem Hintergrund beschloss der Bundestag am 25. März 1965, die Zeit von 1945 bis 1949 auf die Verjährungszeit nicht anzurechnen, diese mithin bis 1969 zu verlängern. 1969 wurde schließlich die Verjährungsfrist für Mord aufgehoben.

Wenn also, wie in Hannas Fall, 1966 vor einem deutschen Schwurgericht ein NS-Prozess begonnen wurde, dann konnte die Anklage nur auf Mord oder Beihilfe zum Mord lauten und es drohte den Angeklagten eine lebenslange Freiheitsstrafe. Wie es nach der langen Zeit von mehr als zwanzig Jahren zu Hannas Entdeckung gekommen ist, erfahren wir nur in wenigen Andeutungen. Wohl ist bekannt, dass NS-Täter oft nur durch ein zufälliges Erkanntwerden, durch Auftauchen von Dokumenten und auch nicht selten durch Hinweise aus neu erschienener Literatur (vgl. Rückerl, S. 47) enttarnt wurden, bekannt ist auch, dass vor dem Hintergrund eines fehlenden zentralen Melderegisters die Identifikation von verdächtigen Personen Jahre in Anspruch nehmen konnte. Offensichtlich sind die Ermittlungen gegen Hanna Schmitz und vier weitere ehemalige Aufseherinnen durch das in Amerika erschienene Buch einer Zeugin in Gang gekommen, die die Inhaftierung im Arbeitslager bei Krakau und den Bombenangriff auf die Kirche zusammen mit ihrer Mutter überlebt hat. Zwar wird Hanna in diesem Buch nicht namentlich genannt und ist auch nicht identifizierbar (vgl. S. 115), doch wird erwähnt, dass die fünf Angeklagten und einige Zeugen durch staatsanwaltliche und polizeiliche Recherchen aufgespürt worden sind (vgl. S. 102). Als weiteres Dokument wird ein in den Akten der SS befindlicher Bericht über die Bombardierung der Kirche und das Verhalten der Aufseherinnen erwähnt (vgl. S. 119 f.). Hannas Situa-

Wirkung des Auschwitz-Prozesses

Vorermittlungen zu Hannas Prozess

Die Beweislage

tion stellt sich von Anfang an als wenig günstig dar, weil sie in der Phase der Ermittlung weder auf ein Schreiben noch auf eine Vorladung reagiert hat und, da sie in der zurückliegenden Zeit ihren Wohnort auch häufig gewechselt hatte, in Haft genommen wurde.

Wenn Hanna und ihre Mitaufseherinnen des Mordes oder der Beihilfe zum Mord angeklagt werden, müssen auf sie die Bestimmungen des § 211 Strafgesetzbuch zutreffen. Sie definieren den Mörder als denjenigen, der „aus Mordlust, zur Befriedigung des Geschlechtstriebs, aus Habgier oder sonst aus niedrigen Beweggründen, heimtückisch oder grausam oder mit gemeingefährlichen Mitteln oder um eine andere Straftat zu ermöglichen oder zu verdecken, einen Menschen tötet" (zit. nach: Rückerl, S. 43). Beihilfe zum Mord war im Strafmaß dem Mord gleichgestellt, doch lag es im Ermessen des Gerichts, eine mildere, das heißt zeitlich begrenzte Freiheitsstrafe auszusprechen. Um nun die Verhandlungsführung des Vorsitzenden Richters einschätzen zu können, ist es wichtig zu wissen, dass bei der Behandlung von NS-Prozessen die Einschätzungen „heimtückisch" und „grausam" von großer Bedeutung waren, da sie den Straftatbestand des Mordes ausmachten und vom inzwischen verjährten Totschlag abgrenzten. So handelt beispielsweise jemand „heimtückisch", wenn er „die Arg- und Wehrlosigkeit seines Opfers ausnutzt" (Grabitz, S. 89). „Grausam" handelt, „wer seinem Opfer besonders starke Schmerzen oder Qualen körperlicher oder seelischer Art zufügt, wobei die Grausamkeit nicht notwendig in der Ausführungshandlung im engeren Sinne und den durch sie verursachten körperlichen Leiden liegen muss; sie kann sich auch aus den Umständen ergeben, unter denen die Tötung eingeleitet und vollzogen wird" (Bundesgerichtshof nach: Grabitz, S. 88). So waren zum Beispiel die Umstände von Aussiedlungen mit dem Ziel der Vernichtung immer als „grausam" einzustufen, und wer dabei als Täter zu bezeichnen war, machte sich des Mordes schuldig.

Der Mordparagraph

„Grausamkeit" und „Heimtücke"

Der erste Hauptanklagepunkt gegen Hanna und die weiteren Aufseherinnen bezieht sich auf die „Selektionen" (S. 102), die die Aufseherinnen im Arbeitslager jeden

Anklagepunkt Selektionen

Monat vorzunehmen hatten. Von den rund zwölfhundert gefangenen Frauen mussten jeden Monat sechzig der gesundheitlich schwächsten und für eine Arbeit in der Fabrik nicht mehr einsetzbaren Häftlinge ausgesondert und nach Auschwitz in den Tod geschickt werden, um einer entsprechenden Zahl von Neuankömmlingen Platz zu machen. Während die Mitangeklagten eine Beteiligung an solchen Selektionen rundweg abstreiten, gibt Hanna ihre Teilnahme nicht nur bereitwillig zu, sondern erklärt den Auswahlprozess zu einer gemeinsam begangenen Handlung und beschuldigt damit auch die anderen Frauen. Hinzu kommt, dass sich Hanna in zwei von ihr nicht durchschauten Situationen schwer belastet. Zum einen antwortet sie auf die Frage des Richters, ob ihr bewusst gewesen sei, dass sie diese Gefangenen in den Tod schicke, mit dem Argument: „Doch, aber die neuen kamen, und die alten mußten Platz machen für die neuen." (S. 106) Ohne eine wie immer geartete menschliche Teilnahme zu zeigen, verweist sie hier, wie viele andere NS-Täter vor Gericht, auf Anweisungen und Sachzwänge. Damit macht sie es dem Richter nur zu leicht, ihre Täterschaft noch deutlicher herauszustellen. Mit der anschließend als Frage eingekleideten Unterstellung, Hanna habe also, weil sie Platz schaffen wollte, gesagt: „Du und du und du mußt zurückgeschickt und umgebracht werden" (S. 106), provoziert er sie schließlich zu der Gegenfrage: „Was hätten Sie denn gemacht?" (S. 107). Dadurch dass diese Unterstellung des Richters aber unwidersprochen im Raum bleibt, kann Hanna ein so genannter „einverständlicher Eifer" (Grabitz, S. 91) zugeschrieben werden, der darauf verweist, dass sie sich mit der Tat immer noch identifiziert. Michael Berg, auf die Rolle des juristisch ausgebildeten Prozessbeobachters fixiert, durchschaut die Zusammenhänge und verweist darauf, wie leicht es gewesen wäre, die schwache Beweislage und die kaum noch rekonstruierbare „Aufgaben- und Befehlshierarchie" (S. 109) für die eigene Sache zu nutzen.

Hannas Selbstbelastung

Die andere für Hanna äußerst kritische Situation entsteht durch die vom Anwalt der anderen Angeklagten vorgebrachte, in eine Frage gekleidete Behauptung: „Stimmt es, dass Sie, Sie allein, im Lager Ihre Schützlinge

Belastung durch „Schützlinge"

hatten, junge Mädchen jeweils, eines für eine Weile und dann für eine Weile ein anderes?" (S. 111), an die er als weitere Frage anschließt: „Stimmt es auch, daß alle Ihre Schützlinge, wenn Sie ihrer überdrüssig waren, in den nächsten Transport nach Auschwitz kamen?" (ebd.) Die dadurch indirekt erhobenen Vorwürfe, Hanna habe die Zwangslage der jungen Frauen für erotische Spiele mit sadistischem Ausgang ausgenutzt, werden zwar abgemildert durch den Bericht der amerikanischen Zeugin, Hanna habe sich von den Mädchen nur allabendlich vorlesen lassen. Dennoch lässt sich Hannas Verhalten von einem ihr nicht wohlgesonnenen Richter als besonders heimtückisch deuten, da sie durch ihr Verhalten auch noch eine vertrauliche Beziehung zu den späteren Opfern aufbaut. Dies ist denn auch eine Situation, in der sich Michael Berg nur mühselig beherrschen kann und Hannas Anwalt innerlich beschwört, entlastend einzugreifen. Michael deutet Hannas Verhalten vielmehr als Akt der Menschlichkeit. Hanna habe die „schwachen und zarten Mädchen" gewählt, weil sie die Arbeit beim Wiederaufbau der Fabrik ohnehin nicht überlebt hätten und weil sie ihnen „den letzten Monat erträglich machen wollte." (S. 113) Diese Sichtweise wird allerdings nicht die des Gerichts.

Der zweite Hauptanklagepunkt gegen Hanna und die vier Mitangeklagten betrifft ihr Verhalten beim Bombenangriff auf die Kirche, in der die ihnen anvertrauten Häftlinge für eine Nacht untergebracht waren. Wie viele der Konzentrations- und Arbeitslager wurde auch das Arbeitslager bei Krakau beim Herannahen der alliierten Truppen evakuiert. Wachmannschaften wie Aufseherinnen flüchteten mit den Gefangenen in so genannten Todesmärschen nach Westen. Die Gefangenen waren meist äußerst geschwächt, mit Kleidung und Schuhwerk mangelhaft ausgerüstet, unterernährt und den langen, auch nächtlichen Fußmärschen nicht mehr gewachsen, so dass nur wenige die Strapazen durchhielten. Überdies waren Termine und Ziele von den militärischen Entwicklungen abhängig (vgl. Blatmann, S. 1065 ff.), unkontrollierte Übergriffe auf die Gefangenen und Massenmorde waren die Auswirkungen einer auf der Flucht vollends zerfallenden Ordnung. Die amerikanische Zeu-

Anklagepunkt Bombennacht

Die Todesmärsche

gin berichtet über den Aufbruch nach Westen, es habe sich nicht um einen „Todesmarsch", sondern eher um einen „Todestrab", um einen „Todesgalopp" (S. 116) gehandelt und nach einer Woche sei fast die Hälfte der Frauen tot gewesen. In ihrer letzten Nacht schliefen die noch verbliebenen gefangenen Frauen, sich in Sicherheit wiegend, in einer Kirche, als durch einen Bombeneinschlag das Kirchendach in Brand geriet und, da die Türen verschlossen waren, alle Gefangenen bis auf die amerikanische Zeugin und ihre Mutter in den Flammen umkamen.

Kompetenzkonflikte und Intrigen

Bei einer ersten Befragung des Vorsitzenden Richters, warum die Aufseherinnen die Kirche nicht hätten aufschließen können, flüchten sich die Angeklagten in unterschiedliche Ausreden (vgl. S. 119). Als der Vorsitzende schließlich auf den in den Akten der SS gefundenen Bericht Bezug nimmt, entsteht eine aus vielen NS-Prozessen bereits bekannte Situation. Wo man eine straffe Organisation vermutet hätte, kommen chaotische Verhältnisse zum Vorschein, „vorwiegend geprägt durch Kompetenzkonflikte, persönliche Intrigen, Eifersüchteleien; Machtbesessenheit, Haß, Mißtrauen und nicht zuletzt schlichte Unfähigkeit" (Rückerl in: Weber/Steinbach, S. 72). Da der Bericht die Deutung nahe legt, dass die Aufseherinnen gegen den Brand in der Kirche nichts unternommen und die Türen geschlossen gelassen hätten, erklären die Angeklagten ihn nicht nur in allen Punkten für falsch, sondern als eine bewusste Verfälschung der Tatsachen, von Hanna geschrieben, um ihre eigene Schuld zu vertuschen.

Hannas Hilflosigkeit

Somit muss sich Hanna den weiteren Fragen des Vorsitzenden stellen. Sie tut sich schwer, ihr damaliges Verhalten in für sie stimmige Worte zu fassen und zu erläutern, immer wieder sieht sich der Vorsitzende Richter veranlasst nachzufragen. Zunächst gesteht sie eine nur zu verständliche Hilflosigkeit angesichts einer kaum überschaubaren Situation. Die Wachmannschaften und ein Teil der Aufseherinnen hatten sich mit einigen Verwundeten abgesetzt, Hanna und der Rest der Aufseherinnen empfanden sich als allein gelassen mit den Gefangenen in der brennenden Kirche. „Wie hätten wir die vielen Frauen bewachen sollen?" fragt sie in dieser Situation und präzisiert: „Wie hätten wir da noch mal Ordnung reinbringen sollen?" Später ergänzt sie: „Wir hätten sie doch nicht einfach fliehen lassen können! Wir waren doch dafür verantwortlich …" (S. 122). „Ordnung" und „Verantwortung" sind die Schlüsselbegriffe, unter die Hanna ihr damaliges Verhalten zusammenfasst. Wie viele NS-Täter lässt auch Hanna in der Begründung ihres damaligen Handelns das Bestreben erkennen, „sich konform zu verhalten, nicht aufzufallen und Unannehmlichkeiten zu vermeiden" (Hey in: Weber/Steinbach, S. 63). „Lauter pflichtbewußte Leute", diesen Titel gibt Ulrich Renz seinem Buch über „Szenen aus NS-Prozessen" und verweist damit auf ein Täterprofil, dem in dieser Szene auch Hanna nahe kommt. Eingebunden in eine Befehlshierarchie, füllt sie die ihr übertragenen Aufgaben pflichtbewusst aus. Dass sie dabei den Tod von Hunderten von Frauen hinnimmt, scheint ihr entweder nicht in den Sinn zu kommen oder wird von ihr als der Preis für die Ordnung gebilligt. Dies ist sicherlich eine Situation, in der Hannas Gefühllosigkeit und Brutalität erschreckend deutlich werden.

„Ordnung" und „Verantwortung"

Andererseits wäre es für Hanna und ihre Verteidigung nicht schwer gewesen, dem Prozess, der sich in weiten Teilen auf Zeugenaussagen und Hannas eigene Schilderungen stützt, eine andere Wendung zu geben. So formuliert ein in der Ermittlung von NS-Verbrechen erfahrener Staatsanwalt: „Den absolut objektiven, d. h. den sachlichen, unabhängigen und vorurteilslosen Zeugen, der mit voll tauglichen Sinnen einen Vorgang wahrnimmt, in seinem Gedächtnis speichert und ihn schließlich auch noch nach langer Zeit fehlerfrei und wertungsfrei wiedergeben kann, gibt es nicht." (Rückerl in: Weber/Steinbach, S. 78) Überdies mussten in Hannas Fall die Zeugen aus dem Dorf auch noch darauf achten, sich nicht selbst zu verstricken und zu belasten. Da Zeugen auch nicht wissen können, welche von ihnen zur Tatzeit vielleicht übersehenen Details in der späteren Verhandlung prozessentscheidende Bedeutung bekommen können, hätte Hannas Verteidiger mit einer genaueren Befragung der Zeugen seiner Mandantin zu einem günstigeren Prozessverlauf verhelfen können.

Problem der Zeugenaussagen

Problematik des Urteils

In erster Linie ist es jedoch Hanna selbst, die sich durch ihr Verhalten im Verlauf der Verhandlung in die Rolle der Hauptschuldigen drängen lässt. Einerseits gehört sie nicht zu dem Angeklagtentypus, der alles bestreitet, umdeutet, andere beschuldigt oder sich nicht mehr erinnern kann, um sich schließlich als Märtyrer der Gewalt zu beugen. Andererseits fehlen ihr auch jegliche Schuldeinsicht, Reue und Sühnebereitschaft. „Sie verfolgte nicht ihr Interesse", so deutet Michael Berg ihr Verhalten, „sondern kämpfte um ihre Wahrheit, ihre Gerechtigkeit." (S. 128) Dass Hanna schwere Schuld auf sich geladen hat und im juristischen Sinne auch schuldig ist, steht sicherlich außer Frage. Ob aber das auf „lebenslänglich" erkennende Urteil und der ganze Verlauf des Verfahrens ihrer tatsächlichen Schuld und ihrer Person gerecht werden, ist fraglich. Sicherlich hat sich Hanna durch ihre stolze, unbeugsame Haltung, durch ihr fehlendes juristisches und strategisches Wissen, durch das unflexible Insistieren auf ihrer eigenen Sicht der Dinge und schließlich durch das konsequente Kaschieren ihres Analphabetismus den Unwillen des Gerichts und der Mitangeklagten zugezogen und sich damit in eine schwierige, für sie heillose Lage gebracht. Hannas Verhandlung macht aber gleichzeitig auch deutlich, wo die Grenzen einer juristischen Aufarbeitung der NS-Vergangenheit liegen. Nicht nur die Hilflosigkeit der Angeklagten zeigt sich hier in ihrer ganzen Tragweite, sondern auch die Unzulänglichkeit des Justizapparats, der auf die Lösung außergewöhnlicher menschlicher Problemfälle nicht vorbereitet ist.

Grenzen der Justiz

Analphabetismus und Unmündigkeit

KURZINFO

- Differenzierung des Begriffs Analphabetismus in einen totalen (keinerlei Vertrautheit mit Schriftzeichen) und funktionalen Analphabetismus (nicht hinreichende schriftsprachliche Kompetenz zur Bewältigung von Alltagssituationen). Schwierigkeiten beim Erfassen der Verbreitung von Formen des Analphabetismus.
- Hannas ungünstige Ausbildungsbedingungen im agrarisch strukturierten Siebenbürgen.
- Hoher psychischer Druck der Analphabeten. Hannas Vermeidung schriftsprachlicher Anforderungssituationen, Ablehnung beruflicher Beförderungsangebote, Delegation von Lese- und Schreibaufgaben. Ihre Unfähigkeit zur Aufnahme schriftlicher Botschaften als Konfliktursache und Beziehungsstörung.

KURZINFO

- Hilflosigkeit im schriftlichen Verkehr mit Anwalt und Gericht, Minderung ihrer Chancen auf ein faires Verfahren. Zur Tarnung des Analphabetismus auch Unterschreiben von belastenden Schriftstücken.
- Leben in Unmündigkeit ohne Selbstbestimmung und Selbstverantwortung. Klassifizierung ihres moralischen Urteilsvermögens vor dem Hintergrund von Kants Aufklärungsbegriff und nach Lawrence Kohlberg.
- Diskussionsaspekt in der Rezeptionsgeschichte des Romans: Durch Hannas kaschierten Analphabetismus Relativierung ihrer moralischen Schuld?

Kurz nachdem Hanna unter dem Druck einer drohenden Handschriftenprobe zugibt, den Bericht über den Flammentod der gefangenen Frauen selbst geschrieben zu haben, entdeckt Michael, weitab vom Prozessort, in der Einsamkeit eines Waldweges, Hannas gut gehütetes Geheimnis: „Hanna konnte nicht lesen und schreiben." (S. 126) Hier erfährt das Romangeschehen erneut eine überraschende Wende. Zahllose Situationen ihres früheren Zusammenseins und des Prozessverlaufs beginnt Michael rückblickend neu zu deuten, viele von Hannas eigenwilligen Reaktionen erhalten für ihn nun ein Motiv und eine Zielrichtung. Aber gleichzeitig stellen sich auch neue Fragen: „Aus Angst vor der Bloßstellung als Analphabetin die Bloßstellung als Verbrecherin? Aus Angst vor der Bloßstellung als Analphabetin das Verbrechen?" (S. 127) Und schließlich muss Michael die für die Bemessung von Hannas Schuld wichtige Entscheidung treffen, ob er seine Entdeckung für sich behält oder zu Hannas Entlastung öffentlich macht.

Michaels Entdeckung

So unerwartet Michaels plötzliche Entdeckung auch kommt, so konstruiert sie den Leser auch anmuten mag, ganz unwahrscheinlich ist Hannas Lese- und Schreibunfähigkeit nicht. Zwar lässt sich über den Stand der Alphabetisierung in Deutschland zur Zeit von Hannas Jugend wenig sagen, doch können auf der Basis von heutigen Schätzungen und Erfahrungen rückblickend zumindest einige, wenn auch grobe Einsichten formuliert werden. Dass wir auch heute, wenn es um die Zahl der Analphabeten in unserer Gesellschaft geht, weitgehend auf Schätzungen angewiesen sind, hängt zunächst, wie es der Roman am Beispiel von Hannas Lebensgestaltung detailgetreu dokumentiert, mit der Neigung der An-

Schwierigkeiten des Erfassens von Analphabetismus

alphabeten zusammen, ihre Defizite in der Beherrschung einer ganz zentralen gesellschaftlichen Norm mit allen Mitteln zu kaschieren (vgl. Hoffmann u. a., S. 60). Sie hängen ferner aber auch mit den methodischen Schwierigkeiten zusammen, die sich einer genaueren Eingrenzung und Differenzierung des Begriffs „Analphabetismus" entgegenstellen. So bestimmen neuere Studien diesen Begriff nicht in Abhängigkeit von einem individuellen Lese- und Schreibvermögen, sondern im Hinblick auf die in einer bestimmten Gesellschaft und in einer konkreten historischen Situation notwendigen Fertigkeiten. Wer demnach den schriftsprachlichen Anforderungen, die zur Bewältigung alltäglicher Aufgaben in allen Arbeits- und Lebensbereichen nötig sind, nicht entsprechen kann, wird als „funktionaler Analphabet" bezeichnet. Der Begriff „totaler Analphabet" wird auf die kleinere Gruppe derer angewendet, die mit keinerlei Schriftzeichen vertraut sind. Jüngste Erfahrungen aus der Erwachsenenbildung differenzieren dieses Bild weiter und zeigen, „dass es nur eine kleine Gruppe von Menschen gibt, die zu den totalen Analphabeten gehören, eine etwas größere, die mit ihrer Unterschrift unterzeichnen kann, schon mehr, die leichte Texte lesen können, noch eine größere Gruppe, die mit dem Lesen ganz gut zurechtkommt, aber gravierende Schreibprobleme hat" (Döbert/Hubertus, S. 22).

Totaler und funktionaler Analphabetismus *(Marginalie)*

Wenn die Deutsche UNESCO-Kommission im Jahre 1990 den Anteil der funktionalen Analphabeten unter der deutschen Bevölkerung über 15 Jahren auf 0,75 bis 3 % Prozent schätzt und absolute, allerdings umstrittene Zahlen zwischen fünfhunderttausend und drei Millionen Bundesbürger nennt, nach der Wende von einer Zahl von vier Millionen ausgegangen wird (vgl. Döbert/Hubertus, S. 27,29), so gewinnt das Ausmaß des kaschierten Analphabetismus zumindest grobe Konturen. Abgesehen davon, dass für Hannas Generation, die Ende der zwanziger und Anfang der dreißiger Jahre eine wie auch immer geartete Bildung erhalten haben mag, ohnedies eine erheblich höhere Analphabetenrate angenommen werden kann, deutet alles darauf hin, dass Hanna zudem unter ungünstigen äußeren Ausbildungsbedingungen aufgewachsen ist. Ihre Angabe vor Gericht,

Verbreitung des Analphabetismus *(Marginalie)*

Hannas Bildungschancen *(Marginalie)*

sie sei „bei Hermannstadt" (S. 91) geboren, lässt eine ländliche Umgebung im weitgehend agrarisch strukturierten Siebenbürgen vermuten. Die evangelisch-lutherische Kirche, bis dahin Trägerin eines ausgebauten deutschsprachigen Schulwesens in Rumänien, muss im Verlauf der zwanziger Jahre hohe ökonomische Einbußen hinnehmen und die deutschsprachigen Schulen werden in ihrer Eigenständigkeit stark eingeschränkt (vgl. Gündisch, Kap. 6). Gleichzeitig finden sich gerade in agrarisch strukturierten Gegenden ideale Nischen, in denen Analphabeten „als Landarbeiter in kleinen bäuerlichen Betrieben, als Hilfskräfte bei kleinen Handwerksbetrieben im bekannten Stadtteil", eingebunden in familiäre Bezüge, gestützt durch „die letzten Formen des Vorlesens und des stellvertretenden Schreibens" (Döbert/Hubertus, S. 18) noch unauffällig an der Schriftkultur teilnehmen konnten, ohne die Schrift selbst lernen zu müssen. Ob Hanna in einem solchen sozialen Kontext das Bedürfnis entwickelte und die Möglichkeit hatte, sich den Mühen des Schriftsprachenerwerbs zu unterziehen, ist zumindest fraglich.

Indessen ist in unserer Kultur kaum umstritten, dass das Beherrschen der Schriftsprachlichkeit als „Ausweis von Intelligenz und allgemeiner Bildungsfähigkeit" gilt: „Wer diese Norm nicht sicher beherrscht, tut gut daran, seine Unfähigkeit zu verbergen" (Giese nach: Hoffmann u.a., S. 60). Diese schroffe Sichtweise kann deutlich machen, unter welch hohem psychischen Druck Analphabeten in unserem Kulturbereich stehen. Um ihr Defizit nicht offenbar werden zu lassen und sich gesellschaftlich nicht zu deklassieren, müssen sie einen beträchtlichen Teil ihrer Energie in die Inszenierung von Überlebensstrategien investieren. Dazu zählt zum einen die Vermeidung von „schriftsprachlichen Anforderungssituationen" (vgl. Döbert/Hubertus, S. 70 f.) und das bedeutet die sorgfältige Überprüfung anstehender sozialer Situationen auf die erwartbaren Anforderungen hin. Berufliche Beförderungsangebote, ein Problem, vor das sich Hanna mehrfach gestellt sieht, werden abgelehnt, wenn eine intensivere Konfrontation mit Schriftsprachlichkeit damit verbunden ist. Dazu gehört weiterhin die Delegation von Lese- und Schreibaufgaben an vertraute

Überlebensstrategien von Analphabeten

Personen und schließlich die Täuschung, das ausweichende Reagieren auf eine plötzlich entstehende Anforderungssituation, beispielsweise das Betrachten einer Speisekarte, bis ein anderer ein Gericht bestellt und man sich der Bestellung anschließen kann.

Hannas
Ausweich-
strategien

Solange sich Hanna und Michael von ihrer jeweiligen Lebenswelt isolieren und ausschließlich ihrem Ritual hingeben, ist für Hanna die Gefahr, als Analphabetin erkannt zu werden, noch recht gering. Dass Hanna seinen Namen nicht kennt, obgleich Michael die mit Namensetiketten versehenen Hefte und Bücher immer auf ihren Küchentisch legt, irritiert ihn zwar, doch interpretiert er ihr Verhalten als Achtlosigkeit (vgl. S. 35). Das von Hanna vorgeschlagene Ritual des Vorlesens, eine klassische Form des Delegierens, begründet sie mit Michaels schöner Stimme und damit, dass sie lieber zuhöre als lese (vgl. S. 43). Wenn die langen Briefe, die Michael Hanna anfangs nach einem Streit noch schreibt, keine Reaktionen hervorrufen, mag dies mit Hannas Herrschaftsverhalten zu erklären sein (vgl. S. 50). Schwieriger wird für Hanna die Kaschierung ihres Analphabetismus, als auf der Fahrradtour in den Odenwald schlechter antizipierbare Situationen auf sie zukommen. Zunächst kann sie sich noch mit der Strategie des Delegierens recht gut behelfen: Sie lässt Michael allein auf der Landkarte die Route bestimmen, indem sie ihm schmeichelt. „Ich bin jetzt zu aufgeregt. Du machst das schon richtig, Jungchen" (S. 52); oder sie lässt ihn im Gasthof das Essen aussuchen mit dem Argument: „Ich mag's, mich mal um nichts zu kümmern." (S. 54) Auch den Meldezettel füllt Michael für sie aus, wobei sie selbst allerdings unterschreibt und damit zu erkennen gibt, dass sie immerhin signierfähig ist (vgl. S. 54).

Hannas Reaktion
auf die drohende
Enttarnung

Dann aber kommt es zu jener Schlüsselsituation, in der Hanna ihr Geheimnis zwar noch bewahren kann, ihre Beherrschung aber weitgehend verliert. Michael hat ihr im Gasthof morgens einen Zettel hinterlassen: „Guten Morgen! Hole Frühstück, bin gleich wieder zurück." (S. 54) Dass Hanna die einfache Information dieses Zettels offensichtlich nicht aufnehmen kann und Michael mit zügelloser Wut ihren Ledergürtel durchs Gesicht schlägt, zeigt das Ausmaß ihres Analphabetismus und ihrer Betroffenheit. Hier flüchtet sie sich in die Strategie der Täuschung, gibt vor, nie einen solchen Zettel gesehen zu haben, und hat das Beweisstück möglicherweise auch vernichtet. Eine Schlüsselsituation ist diese Szene insofern, als der Ich-Erzähler gerade an dieser Stelle sein damaliges Verhalten hinterfragt: „Hätte ich weitersuchen sollen, nach dem Zettel, nach der Ursache von Hannas Wut, nach der Ursache meiner Hilflosigkeit?" (S. 56) Deutlich spürbar ist das Unbehagen des Ich-Erzählers, der überdenkt, ob er damals nicht durch ein stärkeres Insistieren auf seiner Sichtweise und die Wahrung seiner Autonomie den verborgenen Aspekten von Hannas Persönlichkeit auf die Spur gekommen wäre.

Im ersten Teil des Romans entwickelt sich Hannas Analphabetismus schrittweise zu einer geheimen Thematik, über die nicht gesprochen wird, die aber die Beziehung zwischen Michael und Hanna nachhaltig prägt. Als Hannas geheimes Motiv dafür, die Beziehung abzuschotten und zu ritualisieren, bleibt der Analphabetismus für Michael zwar verborgen, aber doch eine Quelle zunehmender Irritationen. Michael erlebt Hannas Unberechenbarkeit, den abrupten Wechsel von Anlehnungsbedürfnis und schroffem Dominanzverhalten als undurchsichtig. Als klug und gebildet, aber lebensunerfahren und emotional abhängig, ist er Hannas Launenhaftigkeit hilflos ausgeliefert. Im zweiten Romanteil, mit Beginn von Hannas Prozess, erhält die Thematik des Analphabetismus darüber hinaus eine zentrale moralisch-politische Dimension auf unterschiedlichen Ebenen.

Analphabetismus als Beziehungsstörung

Auf der Ebene der juristischen Auseinandersetzung mit den von Hanna begangenen Verbrechen mindert der Analphabetismus bereits im Vorfeld der Hauptverhandlung ihre Chancen auf einen fairen, sachlichen Prozess. Da Hanna auf alle Schreiben und Vorladungen nicht reagiert und weder vor der Polizei noch vor dem Staatsanwalt oder Richter erscheint, wird sie wegen Fluchtgefahr in Haft genommen und auch auf die Intervention ihres Anwalts hin nicht freigelassen (vgl. S. 94). Zu ihrem Anwalt kann sie, da er sie wahrscheinlich mit Schriftsätzen

Analphabetismus als Strafverschärfung

unterschiedlichster Art konfrontieren würde, keine vertrauensvolle Beziehung aufbauen, ohne nicht ihre Lese- und Schreibunfähigkeit einzugestehen. Alle im Vorfeld ausgetauschten Dokumente, das Buchmanuskript der Zeugin, die Anklageschrift und Vernehmungsprotokolle vermag sie ohne einen Vorleser nicht aufzunehmen. Das führt dazu, dass sie Schriftstücke unterschreibt, mit deren Inhalt sie eigentlich nicht einverstanden sein dürfte (vgl. S. 104 f.) und gegen deren Darstellungen sie sich im Verlauf des Prozesses dann auch wehren muss. Schließlich entsteht die für Hanna bedrohlichste Situation durch den Vorschlag eines Staatsanwalts, ihre Handschrift von einem Sachverständigen daraufhin untersuchen zu lassen, ob sie, wie ihre Mitangeklagten behaupten, den belastenden Bericht aus den Akten der SS eigenhändig verfasst habe. Nachdem Hanna in ihrem bisherigen Leben einen beträchtlichen Teil ihrer Energien darauf verwandt hat, ihren Analphabetismus zu verbergen, entscheidet sie sich auch in dieser Situation gegen den juristischen Vorteil und für die Vermeidung ihrer Bloßstellung. Dass sich Hanna in diesem Prozess als uninformiert, sozial isoliert, widersprüchlich, unberechenbar und strategisch unklug darstellen muss, ist der Preis, den sie für die Bewahrung ihres Geheimnisses zahlen muss.

Relativierung der Schuld

Als noch gravierender aber wirkt sich Hannas Analphabetismus auf die Bewertung ihrer Schuld und ihrer Verantwortlichkeit aus. Einerseits wird Hannas juristische Schuld als Folge ihrer Strategie, eine Bloßstellung als Analphabetin unter allen Umständen zu vermeiden, mit einer lebenslangen Freiheitsstrafe konsequent geahndet. Andererseits führt die Berücksichtigung von Hannas Analphabetismus auch dazu, ihre moralische Schuld zu relativieren. Der Ich-Erzähler selbst legt im dritten Teil des Romans die gedankliche Spur zu einer solchen Deutung. Mit seiner Einschätzung, Hanna habe mit ihrer späten Alphabetisierung den Mut bewiesen, den „aufklärerischen Schritt" aus der „Unmündigkeit zur Mündigkeit" (S. 178) zu vollziehen, nimmt der Ich-Erzähler sehr deutlich auf Immanuel Kants Schrift „Beantwortung der Frage: Was ist Aufklärung?" Bezug. „Aufklärung", so definiert Kant, „ist der Ausgang des Menschen aus seiner

Kants Defintion der Aufklärung

selbstverschuldeten Unmündigkeit. Unmündigkeit ist das Unvermögen, sich seines Verstandes ohne Leitung eines anderen zu bedienen. Selbstverschuldet ist diese Unmündigkeit, wenn die Ursache derselben nicht am Mangel des Verstandes, sondern der Entschließung und des Mutes liegt, sich seiner ohne Leitung eines andern zu bedienen." (*Werke*, Bd. VI, S. 53) Mit diesem impliziten Verweis auf Kant deutet der Erzähler Hannas bisherige Existenz als ein Leben in der Unmündigkeit, ein Leben ohne Selbstbestimmung und Selbstverantwortung.

In der Tat ist Hannas Leben, insoweit es im Roman thematisiert wird, von Fremdbestimmung und Zwängen beherrscht. Bereits ihre Entscheidung, ihren Arbeitsplatz bei Siemens in Berlin aufzugeben, weist typische Merkmale eines Ausweichverhaltens auf. Weil ein ihr angebotener besserer Arbeitsplatz offenbar mit höheren schriftsprachlichen Anforderungen verbunden gewesen wäre, lässt sie sich von der SS als Lageraufseherin anwerben. Keine ideologische Überzeugung steht hinter der Entscheidung, sie ist wohl als Flucht vor einer drohenden Enttarnung als Analphabetin zu deuten. Was man dann in den Vernehmungen über ihre Einstellung zur Arbeit erfährt, lässt kaum einen Ansatz zu selbstverantwortlichem Handeln erkennen. Befragt nach den Selektionsprozessen, mit denen sie jeden Monat sechzig Gefangene nach Auschwitz in den Tod geschickt hat, beruft sie sich auf Sachzwänge (vgl. S. 106) und zeigt für die moralische Problematik ihres Handelns keinerlei Gespür. Als sie sich zu ihrem Verhalten beim Brand der Kirche äußern muss, offenbart sich ihre tiefe Hilflosigkeit in einer Situation, für die es keine klaren Dienstanweisungen geben kann. Ordnung und Verantwortlichkeit sind die Leitbegriffe, an denen sich Hanna orientiert. Ihre Unselbstständigkeit des Denkens geht sogar so weit, dass sie auch jetzt, rund zwanzig Jahre nach den Ereignissen, für eine solche Situation keine Lösung weiß und den Vorsitzenden Richter als höhere Instanz mehrmals danach befragt, wie er sich denn verhalten hätte (vgl. S. 107, 123). Dass dies echte Fragen sind, daran ist kaum zu zweifeln. Hanna wünscht selbst jetzt noch die von oben kommende Lösung ihres damaligen Dilemmas, die nachträgliche Dienstanweisung aus berufenem Munde.

Leben in
Unmündigkeit

Hannas
Orientierungen

Moralisches Urteil nach Kohlberg

Nach der Klassifikation des amerikanischen Psychologen Lawrence Kohlberg, der die Entwicklung der moralischen Urteilsfähigkeit beim Menschen in sechs Stufen gliedert, wären Hannas Einlassungen vor Gericht allenfalls den ersten vier Stufen zuzuordnen. Auf einer ersten Stufe orientiert sich nach Kohlberg das Handeln „an Bestrafung und Gehorsam", an der „Vermeidung von Schwierigkeiten" und der „objektiven Verantwortlichkeit" (Kohlberg, S. 60). Noch auf der vierten Stufe richtet sich das menschliche Handeln an der „Aufrechterhaltung von Autorität und sozialer Ordnung" aus, am Bestreben, „seine Pflicht zu tun" und „die soziale Ordnung um ihrer selbst willen einzuhalten" (Kohlberg, S. 60). Das genau sind die Denkmuster, innerhalb derer sich Hannas Verhalten bewegt. Ein ausgeprägtes moralisches Bewusstsein auf höchster Stufe bestimmt Kohlberg als „Orientierung an Gewissen oder Prinzipien. Orientierung nicht nur an zugewiesenen sozialen Rollen, sondern auch an Prinzipien der Entscheidung, die an logische Universalität und Konsistenz appellieren. Orientierung am Gewissen als leitendes Agens und an gegenseitigem Respekt und Vertrauen" (Kohlberg, S. 61). Weder eine Orientierung an moralischen Prinzipien noch am Gewissen als verantwortlicher Instanz lassen Hannas Worte vor Gericht erkennen, Respekt und Vertrauen bestimmen in keiner Situation ihren Umgang mit Michael oder ihr Verhalten vor Gericht. Woran Hanna ihr Verhalten hingegen orientiert, ist ein rigider Arbeits- und Pflichtbegriff, den sie auch im Umgang mit dem jungen Michael noch ungebrochen und aggressiv vertritt.

„Selbstverschuldete Unmündigkeit"

Inwieweit Hannas Unmündigkeit selbstverschuldet ist, ist eine Frage der Interpretation. Deutet man die Unmündigkeit im Sinne Kants als Folge eines Mangels an „Entschließung" und „Mut", sich des eigenen Verstands selbstständig zu bedienen, müsste man auch Hanna für ihre Lese- und Schreibunfähigkeit selbst verantwortlich machen. Wie auch immer die Bedingungen ihrer schulischen Sozialisation ausgesehen haben mögen, sie hatte nicht die nötige Energie und das Selbstbewusstsein, die schriftsprachliche Bildung zu erwerben, die ihr vielleicht von den dafür zuständigen Institutionen nicht angeboten wurde. Erst in dem engen sozialen Raum des

Gefängnisses ist es Hanna schließlich gelungen, die sie jahrzehntelang belastende Angst „vor Demütigung und Bloßstellung, vor dem Verlust sozialer Integration und Anerkennung" (Döbert/Hubertus, S. 70) zu überwinden. Die Mühsal dieses späten oder vielleicht sogar zu späten (vgl. S. 178) Alphabetisierungsprozesses spiegelt sich noch in ihrem Schriftbild wider, das gewaltsam und gezwungen wirkt.

Dass Bernhard Schlink durch die Thematik des Analphabetismus Hannas Schuld an ihren Verbrechen relativiert habe, wie beispielsweise die Kritikerin Sigrid Löffler dem Roman entgegenhält, lässt sich dann nicht mehr aufrechterhalten, wenn man Hanna mit der an Kant orientierten Rigorosität Michael Bergs für ihren Analphabetismus selbst verantwortlich macht. Dennoch bleibt durch das Motiv des Analphabetismus beim Leser eine Irritation, der der Roman allerdings auch einen Teil seines Erfolges verdankt. Es ist keineswegs so leicht, über Hanna als einer skrupellosen NS-Verbrecherin den Stab zu brechen. Hat Hanna durch ihre Liebesbeziehung zu Michael bereits menschliche Züge angenommen, so wird ihr uneinsichtiges, zur Reue unfähiges Verhalten während des Prozesses durch die Entdeckung ihres Analphabetismus als mühsam kaschierten Defizits zwar nicht relativiert, aber zumindest menschlich verständlicher. Schließlich entwickelt Hanna durch ihre verspätete Alphabetisierung und die dadurch mögliche literarische und wissenschaftliche Auseinandersetzung mit den Verbrechen der NS-Zeit offensichtlich doch noch ein moralisches Bewusstsein für ihre Schuld. Vor diesem Hintergrund ließe sich ihr Selbstmord als Eingeständnis ihrer Schuld und als ihre Form der Sühne deuten. Schließlich stiftet Michael am Ende des Romans das von Hanna hinterlassene Geld der „Jewish League Against Illiteracy" (S. 206 f.) und macht damit deutlich, dass für ihn in Hannas Analphabetismus, in ihrer „selbstverschuldeten Unmündigkeit", ein wichtiger Beweggrund ihres Verhaltens liegt.

Analphabetismus als Irritation

Hannas verspätete Sühne

Die Erzählweise

Der Erzähler: Erinnerung und Reflexion

KURZINFO

- Quasi-autobiografische Ich-Erzählform. Zeitlich lang zurückliegende Ereignisse aus dem Leben eines fiktiven Ich-Erzählers. Dennoch starke emotionale Betroffenheit. Schreibmotiv: Bearbeitung des Vergangenen.
- Erzählpassagen mit analysierenden Reflexionen und Kommentaren. Eingeschränkte Perspektive des handelnden Ichs, Innensicht anderer Figuren Spekulation des Erzählers.
- Thematisierung des Erinnerungsprozesses des Ich-Erzählers und der Erinnerungs- wie Wahrnehmungslücken. Gezielte Selektion des Vergangenen. Kritische Überprüfung vorgenommener Wertungen während des Schreibprozesses.
- Ausgestaltung von prägenden Einzelbildern und Schlüsselsituationen. Selbstvergewisserung durch kritisches Befragen von Handlungsmotiven und Beziehungsstrukturen.
- Zunehmend kritischere Haltung des Ich-Erzählers gegenüber seinem Umgang mit den NS-Verbrechen, Hannas Gräueltaten und ihrem Verhalten während des Prozesses.
- Gegen Ende des Romans Selbstbehauptung des Ich-Erzählers, Besinnung auf sein Recht der Versöhnung mit sich selbst.

Signale des ersten Satzes

So karg und knapp formuliert er auch ist, so bietet der erste Satz bereits eine Reihe wichtiger Informationen über die Erzählform des Romans: „Als ich fünfzehn war, hatte ich Gelbsucht" (S. 5), schreibt der Erzähler einleitend und signalisiert mit den beiden Personalpronomina „ich", dass er von sich selbst zu erzählen beabsichtigt, mit dem Temporalsatz „Als ich fünfzehn war", dass das Geschehen schon eine geraume Zeit zurückliegt. Offensichtlich bedient sich der Autor einer Erzählform, die man mit Franz K. Stanzel als quasi-autobiografische Ich-Erzählform (vgl. Stanzel, S. 270 ff.) bezeichnen kann.

Quasi-auto-biografische Ich-Erzählform

Quasi-autobiografisch ist diese Erzählform deshalb, weil der Erzähler der Geschichte nicht mit dem Romanautor identisch, sondern eine von ihm erfundene Figur ist. Auch wenn der Erzähler vielleicht eine Reihe von Wesensmerkmalen mit dem Autor gemeinsam hat, so ist er doch eine vom Autor getrennte, fiktive Figur mit ihrer eigenen Biografie. Das Autobiografische dieser Erzählform besteht jedoch darin, dass der fiktive Ich-Erzähler aus einer gewissen zeitlichen Distanz heraus Ereignisse aus seinem Leben in der Ich-Form erzählt. Je nachdem, wie groß diese Distanz zwischen den erzählten Erlebnissen des Ich und dem Zeitpunkt des Erzählens ist, wird das erzählende Ich von den erlebten Begebenheiten vielleicht noch ganz angefüllt und aufgewühlt oder aber bereits etwas abgeklärt sein und mit kritischer Sicht auf die Ereignisse der Vergangenheit zurückblicken. Diese Spannung zwischen erlebendem und erzählendem Ich bildet ein wichtiges Charakteristikum des quasi-autobiografischen Ich-Romans.

So vermittelt der Ich-Erzähler dem Leser auch bereits im zweiten Kapitel eine ungefähre Vorstellung davon, wie groß diese Spanne zwischen den Erlebnissen des fünfzehnjährigen Michael Berg und dem Zeitpunkt der Romanniederschrift eigentlich ist. „Das Haus in der Bahnhofstraße steht heute nicht mehr" (S. 8), berichtet der Erzähler einleitend über jenes Haus, vor dem der gelbsuchtkranke Michael im ersten Kapitel sich übergeben und Hannas Hilfe erfahren hat. „Ich weiß nicht, wann und warum es abgerissen wurde. Über viele Jahre war ich nicht in meiner Heimatstadt. Das neue Haus, in den siebziger oder achtziger Jahren gebaut, hat fünf Stockwerke und einen ausgebauten Dachstock, verzichtet auf Erker oder Balkone und ist glatt und hell verputzt." (S. 8) Dass sich im Erdgeschoss nach einem Drogeriemarkt, einem Lebensmittelmarkt und Videoverleih „derzeit ein Computerladen" (S. 8) befindet, verweist den Zeitpunkt der Romanniederschrift offensichtlich in die Jetztzeit. Dass die an dieses Haus geknüpften, obwohl weit zurückliegenden Ereignisse den Ich-Erzähler immer noch nicht in Ruhe lassen, kann man den anschließend breit geschilderten Träumen entnehmen, in denen das Haus dem Ich-Erzähler in unterschiedlichen Lebensphasen, verschiedenartigsten Landschaften und in bedrückenden Situationen erscheint. Dass der Ich-Erzähler hier eine Begebenheit aus seiner Jugendzeit aufarbeitet, die ihn trotz der jahrzehntelangen zeitlichen Distanz emotional immer noch bewegt, lässt sich bereits aus den ersten beiden Kapiteln herauslesen. Gewissheit über die Motive seines Schreibens, sofern es diese überhaupt geben kann, erhält der Leser allerdings erst im letzten Kapitel, wo die Chronologie des Erzäh-

Erzählen
aus der Distanz

Betroffenheit
des Erzählers

lens in der Gegenwart des Erzählers angekommen ist und erlebendes und erzählendes Ich kongruent werden.

Intentionen des Erzählers

Im letzten Kapitel schildert der Ich-Erzähler zunächst, wie in der Zeit nach Hannas Tod die Schuldgefühle und der Zorn auf Hanna allmählich verblasst sind und er das Vergangene als „nun eben mein Leben" (S. 205) angenommen hat. Dann berichtet er, mit welchen Intentionen er Hannas und seine Geschichte schriftlich zu gestalten versucht habe, wie das Schreiben, um die Geschichte loszuwerden, ebenso gescheitert ist wie der Versuch, sie durch das Schreiben vor dem Vergessen zu bewahren. Dann habe er seinen Frieden mit ihr gemacht und sie sei zurückgekommen, „Detail um Detail und in einer Weise rund, geschlossen und gerichtet, daß sie mich nicht mehr traurig macht." (S. 206) In Situationen des Verletztwerdens, kämen die alten Schuldgefühle, die Sehnsucht und das Heimweh wieder hoch, und er beschließt seine Reflexionen mit der Einsicht: „Vielleicht habe ich unsere Geschichte doch geschrieben, weil ich sie loswerden will, auch wenn ich es nicht kann." (S. 206) Hinter dieser scheinbar widersprüchlichen Formulierung seiner Schreibintention steht die Erkenntnis, dass in gegenwärtigen Situationen immer auch vergangen geglaubte Ereignisse aktualisiert werden, dass der Erzählende, auch wenn er es vielleicht doch insgeheim will, seine Geschichte nicht loswerden kann. Deutlich wird aus diesen den Roman beschließenden Schlaglichtern auf den Entstehungsprozess und die Intention des Schreibens, dass sowohl das Von-sich-Wegschreiben wie das Sich-Vergewissern dessen, was die stimmige Version des Erlebten sein könnte, die den Schreibprozess des Erzählers steuernden Motive sind.

Schreiben als Bearbeiten des Vergangenen

Beschränkungen des Ich-Erzählers

Da der Ich-Erzähler seine Erlebnisse nicht allein deshalb formuliert, weil er seine Leser auf angenehme, spannende Weise unterhalten will, sondern auch, weil er sich Aufschlüsse über die Motive seines Handelns und das Verhalten der anderen Figuren verspricht, begleitet er den Erzählvorgang mit analysierenden Reflexionen und Kommentaren, wählt aus der Fülle seiner Erinnerungen die Episoden heraus, die für den Prozess des Sich-Vergewisserns bedeutsam sind. Zwei Schwierigkeiten stehen dem entgegen und müssen konstruktiv bewältigt werden: Zum einen ist die Sichtweise des Ich-Erzählers in einem quasi-autobiografischen Roman auf die Erlebnisweise des handelnden Ich beschränkt. Er kann zwar aus der Erfahrung seiner inzwischen gereiften Persönlichkeit über die Motive und Gedanken der anderen Figuren Mutmaßungen anstellen, doch wie treffend sie auch immer sein mögen, sie bleiben Spekulation. Zum anderen stellt sich mit dem Erinnerungsvermögen des Ich-Erzählers über einen so langen Zeitraum von mehr als dreißig Jahren ein Problem, das der Erzähler allerdings selbst thematisieren kann. Von beiden Möglichkeiten, den Erzählvorgang kommentierend zu begleiten, macht der Ich-Erzähler reichlich Gebrauch.

Konstruktive Möglichkeiten

Zwar hat er jederzeit die Möglichkeit, nicht selbst erlebte oder ihm nicht präsente Details des Geschehens aus der eigenen Einbildungskraft zu rekonstruieren, doch kann er auch, im Gegensatz dazu, Erinnerungslücken bewusst markieren und thematisieren. So hat der Erzähler beispielsweise bei der Beschreibung von Hannas Haus sehr genaue Erinnerungen an das Treppenhaus, das er sich als Kind immer prunkvoll vorgestellt hat, das er nun aber als schäbig und heruntergekommen erlebt. Nicht erinnert er sich allerdings mehr, dort je einem anderen Hausbewohner begegnet zu sein, und fügt an: „Ich erinnere mich auch nicht mehr, wie ich Frau Schmitz begrüßt habe", um diese Formel wenig später noch einmal aufzugreifen: „Ich erinnere mich auch nicht mehr, was wir in der Küche geredet haben." (S. 13) Während hier visuelle Eindrücke – die in der Mitte abgetretenen rot gestrichenen Treppenstufen oder die rote Samtdecke über der Couch in der Küche – detailliert erinnert werden, hat die Erinnerung für fremde Personen oder floskelhafte Gespräche keine Anker. Durch die Thematisierung der Erinnerung macht der Ich-Erzähler gleichzeitig deutlich, welchen Sinneseindrücken er Bedeutung beimisst und welche er – oder zuvor schon das erlebende Ich – als nicht registrierenswert betrachtet.

Hervorhebung von Erinnerungslücken

Wenn der Ich-Erzähler sich an bestimmte Zusammenhänge nicht mehr erinnert, kann dies einmal heißen, dass das erlebende Ich in der betreffenden Situation nicht präsent und offen genug war, um die entsprechen-

Selektion von Vergangenem

den Eindrücke aufzunehmen, es kann aber auch bedeu-
ten, dass die Erinnerungen über die Zeit hinweg verblasst oder als unangenehm verdrängt worden sind.
Wenn Michael während des beginnenden „Gleitflugs"
(S. 67) ihrer Liebe feststellt: „Ich weiß nicht mehr, wann
ich Hanna erstmals verleugnet habe" (S. 72), so kann dies
sowohl eine Wahrnehmungslücke des erlebenden wie
eine Erinnerungslücke des erzählenden Ich sein, zumal
die Vorstellung, sich vor seinen Klassenkameradinnen
und Klassenkameraden nicht zu Hanna bekannt zu haben, als ein von Schuldgefühlen begleitetes Verhalten
erlebt wird. Auch verweist der kommentierende Einschub des Erzählers darauf, dass sich der Anfang seines
„Verrats" vielleicht gar nicht genau markieren lässt, weil
es sich um einen unmerklichen, kaum zu rekonstruie-
renden Prozess handelt. Dass sich der Erzähler nicht
mehr genau an die Ziele des Seminars über KZ-Prozesse
erinnert (vgl. S. 86) und von der Arbeit in den freitägli-
chen Seminarsitzungen nichts mehr weiß (vgl. S. 125),
wohl aber über Details des Prozesses verfügt und genaue
Erinnerungen an die Sonntage hat, an denen er einen
„neuen Hunger nach den Farben und Gerüchen der Natur"
(S. 125) in langen Spaziergängen befriedigt, wirft ein
deutliches Licht auf die Wahrnehmungsweise des erlebenden Ich. Schließlich nimmt der Ich-Erzähler den
Schreibprozess auch zum Anlass, mit der Erinnerung
verbundene Wertungen noch einmal zu überprüfen und
gegebenenfalls zu revidieren. So hebt er beispielsweise
die Feststellung: „Ich habe die letzten Jahre auf der Schule und die ersten auf der Universität als glückliche Jahre
in Erinnerung" (S. 84) nach einer genaueren Überprüfung wieder auf: „Ich frage mich auch, ob die glückliche
Erinnerung überhaupt stimmt. Wenn ich länger zurück-
denke, kommen mir genug beschämende und schmerzliche Situationen in den Sinn und weiß ich, daß ich die
Erinnerung an Hanna zwar verabschiedet, aber nicht
bewältigt hatte." (S. 84) Hier deutet der inzwischen er-
fahrenere und distanziertere Ich-Erzähler seine emotionale Befindlichkeit früherer Jahre noch einmal neu.

**Überprüfen
von Wertungen**

**Erinnern
in Einzelbildern**

Einzelszenen wie Standfotos auf seine „innere Lein-
wand" (S. 61) zu projizieren, ist eine weitere Strategie
des Erzählers, Vergangenheitsmomente herauszuheben.

Von Anfang an ist die Erinnerung des Ich-Erzählers von Einzelbildern geprägt, die manchmal präsent oder auch nicht verfügbar sind, die sich überlagern oder auch verzerren können. So schreibt er über den ersten Eindruck, den Hannas Gesicht auf ihn gemacht hat: „Über ihr damaliges Gesicht haben sich in meiner Erinnerung ihre späteren Gesichter gelegt. Wenn ich sie vor meine Augen rufe, wie sie damals war, dann stellt sie sich ohne Gesicht ein." (S. 14) Später berichtet er von Situationen, in denen solche Bilder mehrmals hintereinander in ihm auftauchen und er gezwungen ist, sie zu betrachten: „Eines ist Hanna, die in der Küche die Strümpfe anzieht. Ein anderes ist Hanna, die vor der Badewanne steht und mit ausgebreiteten Händen das Frottiertuch hält. Ein weiteres ist Hanna, die Fahrrad fährt und deren Rock im Fahrtwind weht. Dann ist da das Bild von Hanna im Arbeitszimmer meines Vaters." (S. 61) Mit dem Fixieren einzelner Szenen in ein Standbild kann der Ich-Erzähler sowohl positiv besetzte als auch schuldbeladene Schlüsselsituationen herausheben und verfügbar halten. So zählt beispielsweise das Bild der in ihrem neuen Nachthemd vor dem Spiegel tanzenden Hanna durch die Bemerkung: „Auch das ist ein Bild, das mir von Hanna geblieben ist" (S. 62) zum positiv besetzten Erinnerungsbestand, wohingegen ihre letzte Begegnung im Schwimmbad als verbildlichter Vorwurf bleibt: „Hanna in Shorts und geknoteter Bluse, mir ihr Gesicht zugewandt, das ich nicht lesen kann – auch das ist ein Bild, das ich von ihr habe." (S. 78) Überfallartig drängen sich die Bilder dem Studenten Michael auf, während das Gericht in Israel tagt und er sich seinem Studium widmen will. Hier verwandeln sich die Bilder in traumatische Visionen von Hanna, der KZ-Aufseherin, Kommandos schreiend, „das schreiende Gesicht eine häßliche Fratze" (S. 141). Bilder geraten durcheinander, die liebende Hanna nimmt die Züge der grausamen Aufseherin an, bis am Ende, an Hannas Totenbett, das versöhnliche Bild der jüngeren Hanna wieder auftaucht: „Als ich lange hinschaute, schien im toten Gesicht das lebende auf, im alten das junge. So muß es alten Ehepaaren gehen, dachte ich; für sie bleibt im alten Mann der junge aufgehoben und für ihn die Schönheit und Anmut der jungen Frau in der alten." (S. 197 f.)

Herausheben von Schlüsselsituationen

Reflexionen
des Ich-Erzählers

Nach dem Sinn des Geschehens zu fragen, nach den Handlungsmotiven der Figuren zu forschen und das eigene Verhalten mit kritischem Blick zu bewerten, ist eine weitere Möglichkeit, die sich aus der zeitlichen Distanz zwischen dem erlebenden und dem erzählenden Ich ergibt. Auch hier dominiert der Gestus der Selbstvergewisserung: Von seinen schmerzvollen Erfahrungen geprägt, nimmt der Ich-Erzähler für ihn existenziell bedeutsame Situationen seiner Biografie zum Anlass, Fragen zu stellen und nach Antworten zu suchen. Dabei verwischt an manchen Stellen die Distanz und es ist nicht immer genau auszumachen, ob das erlebende oder das erzählende Ich die Fragen äußert. So bietet Hannas wütende Reaktion auf Michaels lasche Haltung gegenüber seinen schulischen Verpflichtungen einen ersten Anlass zu einer tiefer gehenden Reflexion: „War es ihr um mich zu tun? Oder um sich? Wenn meine Arbeit blöd ist, dann ist ihre erst recht blöd – hatte sie das gekränkt? Aber ich hatte gar nicht gesagt, daß meine oder ihre Arbeit blöd ist. Oder wollte sie keinen Versager zum Geliebten? Aber war ich ihr Geliebter? Was war ich für sie?" (S. 37) Deutlich wird aus diesen Fragen, mit denen der Erzähler eher die Sicht des erlebenden Ich einnimmt, dass Hannas Verhalten einer Dynamik folgt, die sich aus der Situation selbst nicht vollends erschließen lässt. So unverständlich ist ihre Reaktion, dass die systematisch nachforschenden Fragen schließlich bei der ganz grundsätzlichen und nicht mehr zu beantwortenden Beziehungsfrage ankommen: „Was war ich für sie?" Im Anschluss daran mischt sich, klar markiert, der Ich-Erzähler mit einer grundsätzlichen Reflexion ein, die dem Geschehen des ersten Teils eine neue Wendung gibt: „Warum wird uns, was schön war, im Rückblick dadurch brüchig, dass es häßliche Wahrheiten verbarg?" (S. 38) Könne es, wenn es nicht ewig halte, überhaupt ein Glück geben, so fragt sich der Erzähler und folgert daraus in weiteren Fragen: „Weil schmerzlich nur enden kann, was schmerzlich gewesen ist, unbewußt und unerkannt? Aber was ist unbewußter und unerkannter Schmerz?" (ebd.) Abgesehen davon, dass mit dieser Erzählerreflexion auch eine Vorausdeutung auf spätere Enthüllungen, eine Ankündigung „häßlicher Wahrheiten" verbunden ist, weist sie den Ich-Erzähler wie auch den Leser auf einen Aspekt, der beson-

Thematisierung
der Beziehung

Fragwürdigkeit
des Glücks

derer Aufmerksamkeit wert ist: Gibt es in der Beziehung zwischen Michael und Hanna Momente unerkannten Schmerzes und wie könnte man sie freilegen?

Im ersten Teil des Romans thematisieren die Erzählerreflexionen Michaels Unsicherheiten im Umgang mit Hannas undurchschaubarem Verhalten (vgl. S. 56), die Schwankungen in seiner Selbsteinschätzung (vgl. S. 64) sowie seinen vermeintlichen Verrat an Hanna (vgl. S. 72) und sind mithin noch geprägt von Selbstzweifeln und Schuldgefühlen. Mit der veränderten Situation im zweiten Teil, der Distanz des erlebenden Ich zu seiner Liebesbeziehung mit Hanna, seiner Konfrontation mit Hannas Verbrechen, schließlich auch der wachsenden Selbstgewissheit des Erzählers, gewinnen auch die Erzählerreflexionen an kritischer Distanz. Intensiv setzt sich der Ich-Erzähler mit jener Gefühllosigkeit auseinander, die ihn wie alle am Prozess Beteiligten ergreift, als hätte man ihnen eine Betäubungsspritze gegeben, um den „Einbruch des Schrecklichen in den Alltag" (S. 98) ertragen zu können. Diese „Gemeinsamkeit des Betäubtseins" (S. 99), die Täter wie Opfer, Überlebende wie Nachlebende, Richter wie Schöffen, Staatsanwälte wie Protokollanten trotz der alles entscheidenden Unterschiede vergleichbar mache, nimmt der Ich-Erzähler zum Anlass zu fragen, was seine „Generation der Nachlebenden eigentlich mit den Informationen über die Furchtbarkeiten der Vernichtung der Juden anfangen" (S. 99) solle. „Wir sollen nicht meinen, begreifen zu können, was unbegreiflich ist, dürfen nicht vergleichen, was unvergleichlich ist, dürfen nicht nachfragen, weil der Nachfragende die Furchtbarkeiten, auch wenn er sie nicht in Frage stellt, doch zum Gegenstand der Kommunikation macht und nicht als etwas nimmt, vor dem er nur in Entsetzen, Scham und Schuld verstummen kann." (S. 99f.) Nur in der Gefühlsbetäubung zu verharren, sich an aktive Formen des Begreifens, Vergleichens, Darüber-Redens nicht heranwagen zu dürfen, nur zu erleben, wie „einige wenige verurteilt und bestraft" (S. 100) werden, ist dem Ich-Erzähler als Vertreter der nachfolgenden Generation zu wenig. Als Vertreter seiner Generation, als damaliger Teilnehmer an einem Seminar über KZ-Prozesse und späterer Rechtshistoriker mit dem Schwerpunkt

Zunehmende Selbstgewissheit des Erzählers

Umgang mit Gräueltaten der NS-Zeit

„Recht im Dritten Reich" (S. 172) sucht der Ich-Erzähler hier nach einem angemessenen Verhalten gegenüber den Gräueltaten der NS-Zeit. Wenn er auch keine gültige Antwort formuliert, so weisen seine Fragen doch zumindest in eine gedankliche Richtung.

Zunehmende kritische Distanz

In den nun folgenden Reflexionen des Ich-Erzählers über Hanna, ihr Verhalten im Lager und das Verbergen ihres Analphabetismus überwiegen in zunehmendem Maße die kritischen Wertungen das Verständnis für die Problematik ihrer Situation. So räumt er in einer ersten Bewertung ihres Verhaltens beim Brand der Kirche zwar ein, dass die Lage unübersichtlich und die Hilflosigkeit der Frauen nur zu verständlich gewesen sei, fügt dann aber an: „Aber konnte die Einsicht, daß die Situation schwierig gewesen war, das Entsetzen über das, was die Angeklagten getan oder auch nicht getan hatten, relativieren?" (S. 123) Diesmal wird der Erzähler deutlicher und verlässt den Modus des Fragens: „So konnte man, aber man wollte sich nicht vorstellen, was Hanna beschrieb." (S. 123) Damit verweist der Erzähler Hannas Verhalten und das der Mitangeklagten in einen Vorstellungsbereich, den niemand mehr beschreiten will, und fällt damit implizit ein moralisches Verdikt. Auch als sich dem Ich-Erzähler Hannas Analphabetismus in seiner ganzen Tragweite offenbart, entwickelt er zwar Verständnis für ihre Scham und ihr Bedürfnis, eine Enthüllung und damit verbundene gesellschaftliche Stigmatisierung zu vermeiden, nicht aber für das Verbrechen „aus Angst vor der Bloßstellung". (S. 127) Dass Hanna eine um ein paar Jahre höhere Gefängnisstrafe in Kauf nimmt, nur um eine lähmende „verlogene Selbstdarstellung" (S. 132), die sie fesselt, fortzusetzen, kann der Ich-Erzähler nicht mehr billigen: „Mit der Energie, mit der sie ihre Lebenslüge aufrechterhielt, hätte sie längst lesen und schreiben lernen können." (S. 132) Ein hartes Urteil fällt der Erzähler schließlich über Hanna, als er rechtfertigt, warum er mit ihr während des Prozesses keinen Kontakt aufnehmen will. Noch einmal wiederholt er die schon nach dem ersten Streit mit Hanna aufgeworfene Frage, was er für sie eigentlich bedeute, kommt nun aber, als Getäuschter tief verletzt, zu schonungslosen Mutmaßungen: „Der kleine Vorleser, den

„Verlogene Selbstdarstellung" Hannas

sie benutzt, der kleine Beischläfer, mit dem sie ihren Spaß gehabt hatte? Hätte sie mich auch ins Gas geschickt, wenn sie mich nicht hätte verlassen können, aber loswerden wollen?" (S. 153)

In ihrer chronologischen Abfolge im Roman ergeben die Erzählerreflexionen, meist in echten Fragen formuliert, eine Art zweiten Text, in dem der Ich-Erzähler kontinuierlich seine Beziehung zu sich selbst als moralisch empfindendem und denkendem Wesen, zu den Verbrechen der NS-Täter und zu Hanna als Täterin und Geliebte überdenkt. Die Erzählerreflexionen stellen jene kritische Distanz her, die in den versöhnlichen Partien des Handlungsgangs nicht auszumachen ist. So vollzieht der Ich-Erzähler, obgleich er alles unternimmt, um Hanna den Übergang vom Gefängnis in ein neues Alltagsleben zu erleichtern, in seinen Reflexionen noch einmal einen deutlichen Schritt der Distanzierung: „Ich hatte Hanna eine kleine Nische zugebilligt, durchaus eine Nische, die mir wichtig war, die mir etwas gab und für die ich etwas tat, aber keinen Platz in meinem Leben. Aber warum hätte ich ihr einen Platz in meinem Leben zubilligen sollen? Ich empörte mich gegen das schlechte Gewissen, das ich bei dem Gedanken bekam, sie auf eine Nische reduziert zu haben." (S. 187) Der rigorose Umgang des erlebenden wie des erzählenden Ich mit sich selbst weicht hier einer zunehmenden Selbstbehauptung, gipfelnd in den Fragen: „Hatte ich nicht auch Rechenschaft von ihr zu fordern? Wo blieb ich?" (S. 190)

Selbstbehauptung des Ich-Erzählers

Der Stil: Schlichtheit und Fülle

KURZINFO

- In der Literaturkritik unterschiedliche Bewertungen der stilistischen Qualität: von einfühlsamer, präziser, anschaulicher Sprache bis zu schlichter, lakonischer, simpler Darstellung.
- Einfach gebaute, karge Sätze am Romananfang, aber gleichzeitig große Eindringlichkeit und Anschaulichkeit. Exaktes erzählerisches Kalkül. Pointierung der Kapitelanfänge durch lapidare Sätze, gleichzeitig hohe inhaltliche Bedeutsamkeit.
- In reflexiven Textpassagen emphatischer, rhetorisch ausgestalteter Stil: lautliche Sinnlichkeit durch Alliterationen. Gedankliche Zuspitzungen und Darstellung von Inkongruenz des Denkens, Handelns und Fühlens durch antithetische Fügungen und Chiasmus. Funktionaler Einsatz von Stilvariationen.

- In komplexen Situationen Paraphrasierungen, Einbindung der Leser in den Formulierungsprozess. Veranschaulichung von Gefühlsintensität durch Wortwiederholungen.
- Schaffung von Distanz und Objektivität durch Sentenzen, rhetorisch gestaltete Formulierung allgemein gültiger Wahrheiten.

Unterschiedliche Bewertungen des Stils

Wenngleich die Literaturkritik an der ästhetischen Qualität des Romans nicht zweifelt, werden bei der Einschätzung seines Sprachstils doch ganz unterschiedliche Aspekte hervorgehoben. Auf der einen Seite wird seine „einfühlsame und transparente Sprache" gelobt, die oft von „erstaunlicher Präzision" sei (vgl. *Frankfurter Allgemeine Zeitung*, 09.09.95), wird auf die „suggestive Präzision seiner Sprache" verwiesen, die ein „Höchstmaß an Anschaulichkeit" (*Focus*, 30.09.95) biete. Auf der anderen Seite erfährt die sprachliche Qualität auch recht zweifelhafte Wertungen, wenn beispielsweise von einer „Simplizität des Stils" als „Köder für den Leser" (*Neue Zürcher Zeitung*, 28.10.95) oder von „scheinbarer Schlichtheit, ja Unbeholfenheit" (*Weltwoche*, 23.11.95) der Darstellungsweise die Rede ist. Doch seien es gerade „die einfachen Sätze dieses Romans", so heißt es weiter, „die ein kaum erträgliches Maß an Erschütterung in sich bergen." (Ebd.) „In einer einfachen, lakonischen Sprache, die fast panisch Metaphern und Nebensätze meidet", so heißt es später in noch zugespitzterer Form, arbeite Schlink „mit großer Genauigkeit Situationen von filmischer Präsenz" (*Weltwoche*, 01.04.99) heraus. Offensichtlich dominiert bei vielen Lesern des Romans der Eindruck, sein Stil sei schlicht, einfach und lakonisch, obwohl er in seiner Wirkung gleichzeitig als präzise und suggestiv, emotional und bildhaft bezeichnet werden müsse.

Passagen lakonischen Stils

Als ein Beispiel für jenen lakonischen, scheinbar schlichten Stil des Romans kann sicherlich sein Anfang gelten, der in wenigen Sätzen den Krankheitsverlauf der Hauptfigur Michael Berg skizziert:

Als ich fünfzehn war, hatte ich Gelbsucht. Die Krankheit begann im Herbst und endete im Frühjahr. Je kälter und dunkler das alte Jahr wurde, desto schwächer wurde ich. Erst mit dem neuen Jahr ging es aufwärts. Der Januar war

5   warm, und meine Mutter richtete mir das Bett auf dem
Balkon. Ich sah den Himmel, die Sonne, die Wolken und
hörte die Kinder im Hof spielen. Eines frühen Abends im
Februar hörte ich eine Amsel singen. (S. 5)

In der Tat wird diese komprimierte Wiedergabe des
Krankheitsverlaufs von syntaktisch einfach gebauten,
kargen Sätzen bestimmt. Nur wenige, meist notwendige
Attribute schmücken oder präzisieren die Aussage. Der
Eindruck der Unbeholfenheit mag durch Verkürzungen
wie „Als ich fünfzehn war" (Z. 1) statt beispielsweise
„Als ich fünfzehn Jahre alt war" oder durch Wortwiederholungen wie „wurde" (Z. 3) oder „hörte" (Z. 7, 8) zu-
stande kommen. Gleichzeitig zeichnet sich der Text
aber gerade aufgrund seines lakonischen, konstatieren-
den Stils durch eine große Eindringlichkeit aus. Die im
zweiten Satz vorgenommene Datierung der Krankheit
vom Herbst bis zum Frühjahr passt sie in ihrem Verlauf
den Jahreszeiten an, was in den folgenden Sätzen durch
die Analogie „je kälter und dunkler [...] desto schwächer"
(Z. 2 f.) in seiner Anschaulichkeit noch verstärkt wird.
Der Verweis auf den warmen Januar und den Gestus der
Mutter, das Bett auf dem Balkon zu richten, signalisiert
neues Licht und ein Erwachen der Sinne. Mit der schlichten Aufzählung der neuen visuellen und akustischen
Eindrücke wird auch neues Leben angedeutet, das dann
„eines frühen Abends im Februar" (Z. 7) durch den Gesang der Amsel, ein noch häufiger verwendetes Symbol
für Michaels emotionales Wohlergehen, in ein Bild gefasst wird. Was sich sprachlich zunächst schlicht gibt, so
ließe sich zusammenfassen, erweist sich bei genauerem
Hinsehen als exakt kalkuliert und von hoher erzählerischer Intensität.

Anschaulichkeit
in der Kargheit

Nicht minder exakt kalkuliert ist sprachliche Schlichtheit dort, wo sie Aussagen von großer Tragweite und Bedeutung für den weiteren Verlauf des Romangeschehens
in lapidare Sätze komprimiert. Dieses Mittels bedient
sich der Erzähler an exponierten Punkten der Romanhandlung, insbesondere zu Beginn der Kapitel. Mit den
Kapitelanfängen ließe sich, würde man sie zu einem flie-
ßenden Text zusammenschreiben, geradezu eine knappe,
aber vielschichtige Wiedergabe des Handlungszusam-

Pointierung der
Kapitelanfänge

menhangs fertigen. Kapitelanfänge wie: „Dann habe ich begonnen, sie zu verraten" (S. 72); „Am nächsten Tag war sie weg" (S. 79); „Ich sah Hanna im Gerichtssaal wieder" (S. 86); „Ende Juni wurde das Urteil verkündet" (S. 156); „Mit der ‚Odyssee' habe ich angefangen" (S. 174); „Am nächsten Sonntag war ich bei ihr" (S. 184) und schließlich: „Am nächsten Morgen war Hanna tot" (S. 192) überraschen den Leser mit einer neuen, schlaglichtartigen Information, deren nähere Umstände im Verlauf des Kapitels jeweils ausgebreitet werden. Dabei besteht der ästhetische Reiz dieses Verfahrens in der offensichtlichen Diskrepanz zwischen karger sprachlicher Gestaltung und hoher inhaltlicher Bedeutsamkeit der Aussage.

Wechsel zu emphatischem Stil

So lakonisch und knapp die Eingangsbeschreibung gestaltet ist, so emphatisch und ausschweifend ist die Sprache der folgenden Reflexion über die Krankheit im Kindesalter:

> Was sind die Zeiten der Krankheit in Kindheit und Jugend doch für verwunschene Zeiten! Die Außenwelt, die Freizeitwelt in Hof oder Garten oder auf der Straße dringt nur mit gedämpften Geräuschen ins Krankenzimmer. Drinnen
> 5 wuchert die Welt der Geschichten und Gestalten, von denen der Kranke liest. Das Fieber, das die Wahrnehmung schwächt und die Phantasie schärft, macht das Krankenzimmer zu einem neuen, zugleich vertrauten und fremden Raum; Monster zeigen in den Mustern des Vorhangs und der Tapete
> 10 ihre Fratzen, und Stühle, Tische, Regale und Schrank türmen sich zu Gebirgen, Gebäuden oder Schiffen auf, zugleich zum Greifen nah und in weiter Ferne. Durch lange Nachtstunden begleiten den Kranken die Schläge der Kirchturmuhr, das Brummen gelegentlich vorbeifahrender Autos und der Wider-
> 15 schein ihrer Scheinwerfer, der über Wände und Decke tastet. Es sind Stunden ohne Schlaf, aber keine schlaflosen Stunden, nicht Stunden eines Mangels, sondern Stunden der Fülle. Sehnsüchte, Erinnerungen, Ängste, Lüste arrangieren Labyrinthe, in denen sich der Kranke verliert und entdeckt und
> 20 verliert. Es sind Stunden, in denen alles möglich wird, Gutes wie Schlechtes. (S. 19 f.)

Mit dieser Reflexion werden im Nachhinein jene Fantasien und Visionen geschildert, die die karge Eingangsbeschreibung von Michaels Krankheit ausgespart hat. Sie verweist auf Michaels emotional aufgewühlten Zustand, der bereits seine Bereitschaft verrät, sich mit erotischen und sexuellen Visionen auseinander zu setzen und sich auf die Verlockungen von Hannas Körper einzulassen. Bereits mit dem ersten Satz gibt sich ein emphatischer, rhetorisch ausgestalteter Stil zu erkennen: Der als Ausruf, als Exclamatio formulierte Gedanke, dass die Zeiten der Krankheit in Kindheit und Jugend verwunschene Zeiten seien, hebt sich aus dem unmittelbaren Kontext heraus und leitet als Sentenz eine Reflexionspassage ein, die zwar auf den unmittelbaren Anlass, Michaels Krankheit, noch Bezug nimmt, gleichzeitig aber auch über ihn hinausweist. Schon die auffälligen Alliterationen, so zum Beispiel: „Krankheit in Kindheit" (Z. 1), „gedämpften Geräuschen" (Z. 4 f.), „wuchert die Welt" (Z. 5 f.), „Geschichten und Gestalten" (Z. 6), „sch**wächt**" – „sch**ärft**" (Z. 8), verleihen dem Text eine lautliche Sinnlichkeit. Dominantes stilistisches Mittel dieser herausgehobenen Passage ist jedoch die antithetische Fügung. Sie beginnt mit dem Fieber, das die „Wahrnehmung **schwächt**" und die „Phantasie **schärft**" (Z. 8), das das Krankenzimmer zu einem „zugleich ver**trauten** und **fremden** Raum" (Z. 10) macht. Die sich auftürmenden Visionen sind „zugleich zum Greifen **nah** und in weiter **Ferne**." (Z. 14 f.) Schließlich erfährt die Kette antithetischer Fügungen eine Pointierung in dem Satz: „Es sind Stunden **ohne Schlaf**, aber keine **schlaflosen** Stunden, nicht Stunden eines **Mangels**, sondern Stunden der **Fülle**." (Z. 19 ff.) Abgesehen davon, dass die gedankliche Zuspitzung durch den Chiasmus, die Überkreuzstellung von „Stunden ohne Schlaf" und „schlaflose Stunden" noch hervorgehoben wird, erweitert sich hier die antithetische Fügung zu einer semantischen Figur: Während die Wendung „schlaflose Stunden" eindeutig negativ besetzt ist, haftet der Ausdrucksweise „Stunden ohne Schlaf" keine Wertung an, sie kann mithin auch auf erfüllte Stunden bezogen werden. Ein weiteres Mittel, der Fülle der Visionen sprachlichen Ausdruck zu verleihen, ist die Enumeratio, die einfache Aufzählung, von der hier in Wendungen wie: „Stühle, Tische, Regale und Schrank türmen sich zu Gebirgen, Gebäuden oder Schiffen auf" (Z. 12 ff.), „Sehnsüchte, Erinnerungen, Ängste, Lüste arrangieren Labyrinthe" (Z. 22 f.) Gebrauch gemacht wird.

Sentenz
als Einleitung

Alliterationen

Antithetische
Fügungen

99

Funktionaler Einsatz stilistischer Mittel

Die stilistische Qualität des Romans erschöpft sich weder in der Reihung schlichter, lakonischer Sätze noch in der kunstvollen rhetorischen Ausgestaltung längerer Satzgefüge. Sie entwickelt sich vielmehr aus dem flexiblen Wechsel unterschiedlichster Stilebenen. Während Handlungsberichte die Vorgänge oft nur knapp und nüchtern resümieren, wird der Stil dann ausschweifender, wenn dem Ich-Erzähler bedeutsam erscheinende Situationen ausgestaltet, längere Reflexionen angestellt oder Befindlichkeiten des erlebenden oder erzählenden Ich analysiert werden. Bei einer solchen nachträglichen Aufarbeitung emotional wichtiger Ereignisse wird die Sprache zu einem Instrument des Sich-Herantastens an die Gefühlswerte des Vergangenen. So setzt der Ich-Erzähler die von ihm bevorzugten stilistischen Figuren und Wendungen, die antithetische Fügung, die Paraphrase, die Wortwiederholung und die Sentenz nicht nur zur Intensivierung der Aussage, sondern auch zur Suche nach einer möglichst authentischen Version des Geschehens ein.

Funktion der Antithesen

Die auffallend häufig verwendeten antithetischen Fügungen nicht nur als stilistische Pointierung zu deuten, legt der Erzähler selbst nahe, wenn er über sich schreibt: „Aber ich erkenne heute im damaligen Geschehen das Muster, nach dem sich mein Leben lang Denken und Handeln zueinandergefügt oder nicht zueinandergefügt haben." (S. 21) Das Auseinanderdriften von Denken, Handeln und Fühlen spiegelt sich schon früh in der Beschreibung ambivalenter Zustände wider. So erlebt der gerade zum Mann gewordene Michael, in den vertrauten Kreis der Familie zurückgekehrt, Heimweh und Sehnsucht zugleich: „Ich war noch da und schon weg." (S. 32) Nach der Trennung von Hanna nimmt er sich vor, sich nie mehr so sehr in Liebe und Schuld verstricken zu lassen, und setzt hinzu: „Ich habe das damals nicht in Deutlichkeit gedacht, aber mit Entschiedenheit gefühlt."

Inkongruenz der Empfindungen

(S. 84) Zu jener Inkongruenz von Denken und Fühlen passt auch Michaels Lebenseinstellung, ein „Nebeneinander von Kaltschnäuzigkeit und Empfindsamkeit" (S. 85). In der Zeit von Hannas Prozess schließlich finden Michaels Emotionen weitgehend eigene Bahnen, was sprachlich differenziert verdeutlicht wird: Bei der Lektüre des amerikanischen Buchs der Tochter bleibt, durch die Fremdsprache bedingt, ein „eigentümliches Zugleich von Distanz und Nähe", man habe sich das Buch „erarbeitet und doch nicht zu eigen gemacht". (S. 114) Als Hanna gegen Ende des Prozesses ihren Widerstand aufgibt, gerät Michael in eine diffuse Situation: „Auch ich hatte genug. Aber ich konnte die Sache nicht hinter mir lassen. Für mich ging die Verhandlung nicht zu Ende, sondern begann." (S. 131) Von nun an werden Michaels Dissonanzen in schroffe Antithesen gekleidet: Nach dem Gespräch mit dem Vater heißt es lapidar: „Ich glaubte ihm nicht und nickte" (S. 139), nach dem Gespräch mit dem Richter: „Ich nahm alles wahr und fühlte nichts." (S. 155) Als Michael einen kurzen Brief von Hanna erhält und ihre Alphabetisierung entdeckt, kommentiert der Ich-Erzähler: „Ich war stolz auf sie. Zugleich war ich traurig über sie" (S. 178), und als ihn der Brief der Gefängnisleiterin erreicht: „Mir gefiel ihr Brief. Aber mir gefiel nicht, was auf mich zukam." (S. 182) Die antithetischen Fügungen, insbesondere in existenziell bedeutsamen Situationen verwandt, dienen dazu, komplexe und ambivalente Empfindungen in einer eindringlichen, pointierten sprachlichen Wendung zu komprimieren, die dem Leser Interpretationsarbeit abverlangt, ihm gleichzeitig aber genügend Deutungsspielräume lässt. Sie berücksichtigen die Einsicht, dass Empfindungen nur in den seltensten Fällen klar und eindeutig sind, und können durch ihre sprachliche Zuspitzung längere Reflexionen ersetzen.

Auch unterschiedliche Formen des Paraphrasierens findet man dort, wo es darum geht, komplexe, mehrdeutige Situationen auszuleuchten und aufzuarbeiten. So schreibt sich der Ich-Erzähler beispielsweise bei einer für den Studenten Michael existenziell wichtigen Begebenheit, nämlich als er erfährt, dass sich Hanna im Lager allabendlich von den gefangenen Mädchen vorlesen ließ, Schritt für Schritt an Hannas authentischen Gesichtsausdruck heran: „Hanna drehte sich um und sah mich an. Ihr Blick fand mich sofort, und so merkte ich, daß sie die ganze Zeit gewußt hatte, daß ich da war. Sie sah mich einfach an. Ihr Gesicht bat um nichts, warb um nichts, versicherte oder versprach nichts. Es bot sich

Paraphrasierungen

dar." (S. 112) Dadurch dass der Erzähler den Leser scheinbar in seinen Formulierungsprozess einbezieht, Abschweifungen ausschließt, baut sich Spannung auf. Ähnlich verfährt der Erzähler, als er begründet, weshalb Michaels Beziehung zu seiner Ehefrau Gertrud keine Zukunft haben kann: „Ich habe nie aufhören können, das Zusammensein mit Gertrud mit dem Zusammensein mit Hanna zu vergleichen, und immer wieder hielten Gertrud und ich uns im Arm und hatte ich das Gefühl, daß es nicht stimmt, daß sie nicht stimmt, daß sie sich falsch anfaßt und anfühlt, daß sie falsch riecht und schmeckt." (S. 164 f.)

Formen der Wortwiederholung

Den Leser in den Wahrnehmungsprozess des erlebenden Ich einzubeziehen und bestimmte Situationsmerkmale deutlich hervorzuheben ist auch die Funktion von auffälligen Wortwiederholungen. Gleichzeitig geben sie einer zentralen Textpassage eine markante Struktur, wie zum Beispiel jener Szene, in der Michael Hanna im Gerichtssaal erkennt:

> Hanna saß mit dem Rücken zu uns. Ich erkannte sie erst, als sie aufgerufen wurde, aufstand und nach vorne trat. Natürlich erkannte ich sofort den Namen: Hanna Schmitz. Dann erkannte ich auch die Gestalt, den Kopf fremd mit zum Knoten
> 5 geschlungenen Haaren, den Nacken, den breiten Rücken und die kräftigen Arme. Sie hielt sich gerade. Sie stand fest auf beiden Beinen. Sie ließ ihre Arme locker hängen. Sie trug ein graues Kleid mit kurzen Ärmeln. Ich erkannte sie, aber ich fühlte nichts. Ich fühlte nichts. (S. 91)

Dadurch dass der Erzähler den Prozess des Erkennens in einzelne Phasen gliedert und wiedergibt, berichtet er fast schon zeitdehnend. Wie sehr er gerade und ausschließlich auf dem Vorgang des Erkennens insistiert, macht bereits die stereotype Wiederholung des Verbs „erkannte" (Z. 1, 3, 4, 10) in gleicher Flexionsform deutlich. Weshalb der Erzähler es so auffällig wiederholt, erschließt sich erst mit dem Ende der Textpassage: Hier wird deutlich, dass das erlebende Ich zwar wiedererkennt, aber nichts dabei fühlt, was durch die Wiederholung der Wendung „Ich fühlte nichts" unterstrichen wird. Mit dieser Information erhält die stilistische Gestaltung der Textpassage rückwirkend eine neue Funktion. Dargestellt wird ein Erkennen ohne inneres Erleben, körperliche Merkmale werden ohne innere Beteiligung in gleichförmiger Syntax aufgezählt, Körperhaltung und Kleidung werden in anaphorisch gereihten Aussagesätzen protokollarisch festgehalten. Die Wiederholung einzelner Wörter wie „erkannte" und „sie" sowie einzelner syntaktischer Fügungen dient hier dem Ziel, die Gefühllosigkeit des erlebenden Ich spürbar zu machen. Mit ähnlichen Mitteln einer auffälligen Wortwiederholung veranschaulicht der Erzähler, wie verzweifelt umständlich Hanna auf dem insistiert, was sie als ihr Recht betrachtet, und wie nutzlos, ja absurd ihre Verteidigungsstrategie im Kontext des Verfahrens ist (vgl. S. 105).

Während der Erzähler mit Paraphrasierungen und den verschiedenen Wortwiederholungen den Leser in den Schreibvorgang als einen Prozess des Suchens und des Sich-Vergewisserns hineinzieht, ist im Gegensatz dazu die Sentenz ein Mittel der Distanznahme. An exponierten Stellen des Textes verwendet, auf allgemeinen Wahrheiten basierend, beansprucht sie Beweiskraft. Sentenzen zeichnen sich durch ihre pointierte Kürze, durch Präzision und Eingängigkeit aus, sollen den Leser überraschen und unterhalten (vgl. Ueding/Steinbrink, S. 268 ff.). Hat der Ich-Erzähler seine Reflexionen oft als offene Fragen formuliert, so bevorzugt er bei seinen Sentenzen die einfache Aussage, gelegentlich auch den Ausruf. Mit ihnen weist er zentralen Themen des Romans einen über das Persönliche hinausgehenden, gesellschaftlich anerkannten Stellenwert zu und rechtfertigt eigene Meinungen und Entscheidungen.

Sentenz als Mittel der Distanznahme

Als zum Beispiel der junge Michael sich mit dem Gedanken quält, ob er den Verlockungen der Sünde stattgeben solle oder nicht, der Ich-Erzähler aus der Distanz heraus feststellt, es habe in seinem Leben oft keine Übereinstimmung zwischen Entscheiden und Handeln gegeben, wird das Problem durch eine Sentenz auf eine objektive Ebene gebracht: „Aber das Handeln vollzieht nicht einfach, was davor gedacht und entschieden wurde." (S. 22) Mit diesem wie eine anerkannte Wahrheit formulierten Sinnspruch ist Michaels weiteres Verhalten wenn nicht

Sentenz als Erklärung für ein Verhalten

legitimiert, so aber doch immerhin ziemlich plausibel erklärt. In ähnlicher Weise rechtfertigt der Erzähler sein moralisch rigides Urteil, er habe Hanna vor seinen Klassenkameradinnen und -kameraden verleugnet und damit verraten, mit der Sentenz: „Und der Beziehung entzieht das Verleugnen ebenso den Boden wie die spektakulären Varianten des Verrats." (S. 72) Intensiviert

Rhetorische Gestaltung der Sentenzen

wird hier die Wirkung dieser Sentenz durch die Figura etymologica „Beziehung entzieht", ein Spiel mit zwei Worten des gleichen Verbstamms „ziehen", und eine Alliteration der beiden sinntragenden Begriffe „Verleugnen" und „Verrat". Sprachlich noch kunstvoller gestaltet ist die ein Kapitel überraschend abschließende Sentenz: „Weil die Wahrheit dessen, was man redet, das ist, was man tut, kann man das Reden auch lassen." (S. 166) Hier beginnt das Satzgefüge zunächst mit einer Alliteration „Weil die Wahrheit", verknüpft zwei kurze, parallel gebaute Relativsätze „was man redet" und „was man tut" mit dem noch knapperen Einschub „das ist" und endet mit dem im Stil eines Epigramms rhythmisierten Satz: „kann man das Reden auch lassen." Voran geht dieser Sentenz ein Bericht darüber, dass Michael Berg nach der gescheiterten Ehe mit Gertrud anderen Frauen von Hanna erzählen zu müssen glaubte, ohne dass allerdings dadurch die Substanz der neuen Beziehungen intensiviert worden wäre. So dient die abschließende Sentenz als Legitimation dafür, dass Michael künftig auf das Erzählen verzichtet.

Sentenz als Fokus

Schließlich werden mit Sentenzen auch unterschiedliche Motivstränge miteinander verknüpft und dem Leser Interpretationsangebote gemacht. So greift die Sentenz: „Nun ist Flucht nicht nur weglaufen, sondern auch ankommen" (S. 172) ein Motiv auf, das durch Michaels Lektüre der *Odyssee* schon früh in den Roman eingeführt wird (vgl. S. 42, 66). Mit dieser Sentenz wird nun die Ambivalenz des Fliehens und des Ankommens, bezogen auf Michaels berufliche Flucht in die „Nische" (S. 172) der Rechtsgeschichte, auf eine über das Private hinausgehende Ebene gehoben. Wenn Flucht nicht nur eine Bewegung ist, die von etwas „weg"-strebt, sondern auch zu etwas „hin"-führt, bekommt Michaels Flucht einen Sinn. Wenn er im Anschluss daran dann die *Odyssee* neu interpretiert und in ihr nicht mehr die Geschichte einer Heimkehr, sondern „die Geschichte einer Bewegung" sieht, „zugleich zielgerichtet und ziellos, erfolgreich und vergeblich" (S. 173), kann auch das Ankommen des Flüchtenden nur ein vorübergehendes sein.

③ Schnellcheck

Übersicht 1: Michaels Familie

Übersicht 2: Michaels Beziehung zu Hanna

Übersicht 3: Michaels Schuldgefühle

Übersicht 4: Hannas Lebensgeschichte

Übersicht 5: Hannas Analphabetismus

Übersicht 6: Hannas Analphabetismus und die Schuldfrage

Übersicht 7: Das Motiv des Vorlesens

Übersicht 8: Die Erzählerfigur

Übersicht 1: Michaels Familie

Der Vater

- ist **Professor der Philosophie**,
- kümmert sich zwar um die Belange seiner Famlie, ordnet sie aber nicht seiner Welt zu.
- Er **lebt in** den **Grenzen seiner philosophischen Arbeit** und ist befangen im eigenen Denken.
- Er **distanziert sich von** seiner **Umgebung**, zumal sein Umgang mit den Kindern ist **förmlich, ritualisiert** und **gefühlsarm** (vgl. S.134 ff.).
- **Für** Michaels **persönliche** und **existenzielle Probleme** während des NS-Prozesses ist er **nicht zugänglich**, er argumentiert auf der Ebene **moralischer Grundsatzfragen**.

Die Mutter

- kümmert sich um die **Kinder**, sorgt für **emotionale Wärme** und achtet auf die **Einhaltung gesellschaftlicher Konventionen**.
- Auf **gesellschaftliche Etikette** ist sie auch bedacht, als sie Michael nach seiner Genesung dazu anhält, Hanna mit einem selbst gekauften Blumenstrauß einen förmlichen Dankesbesuch abzustatten.

Die Geschwister

- Mit seinem „nörgelnden" (S.31) **älteren Bruder** verbindet Michael eine verbale Rivalität.
- Seine **ältere Schwester** nimmt für ihn die Rolle der verständnisvollen Beobachterin und Vertrauten ein.
- Seine **jüngere Schwester** ist selbstbewusst und frech; liebäugelt mit Jeans und einem Nickipullover, während der eher unbeholfene Michael die Anzüge und Schuhe eines Onkels aufträgt; sie stiftet Michael zum Laden- und Kaufhausdiebstahl an.

Übersicht 2: Michaels Beziehung zu Hanna

Michaels Liebe zu Hanna

Michael ist fünfzehn, als er sich in die annähernd zwanzig Jahre ältere Straßenbahnschaffnerin Hanna Schmitz verliebt.

- Sie befriedigt sein Bedürfnis nach **Nähe, Erotik** und **Sexualität**.
- Michael gelangt darum zu **mehr Selbstbewusstsein**,
- findet **größere Anerkennung** durch seine Mitschüler, vor denen er seine Beziehung zu Hanna allerdings verschweigt.
- Gleichzeitig gerät Michael aber in **Abhängigkeit von Hanna**,
- er leidet unter **Trennungsängsten**,
- nimmt **Demütigungen** hin,
- **beugt sich** schließlich **Hannas Dominanzanspruch**.

Michael nach Hannas Verschwinden

Als Hanna ohne Ankündigung spurlos verschwindet, fühlt sich Michael schuldig.

- Er wirft sich vor, **Hanna** seinem **Freundeskreis gegenüber verleugnet** und damit **verraten** zu haben,
- er fühlt sich auch **für** Hannas **Verschwinden verantwortlich**.

Michael entwickelt **Abwehrmechanismen**, gibt sich großspurig und kalt (vgl. S. 84), sucht so Schutz **vor** seinen **Schuldgefühlen und neuen Verletzungen**.

Er kann die **Kränkungen**, die er durch Hanna erfahren hat, **mit** seinen **Abwehrstrategien** allerdings **nur überdecken, nicht bewältigen**. Noch Jahre später kämpft er vor allem mit seinen Schuldgefühlen.

- Als er während des NS-Prozesses die wahren Gründe für Hannas Verschwinden erfährt, glaubt er, sich wenigstens den Verrat an ihr weiterhin vorwerfen zu müssen (S. 129).
- Selbst nach Hannas Tod fühlt er sich noch schuldig, quälen ihn Gewissensnöte und, wie es heißt, die „alten Fragen" (S. 205).

Immerhin bekennt er sich nun aber zu Hanna, z. B. im Gespräch mit der Zeugin, und schließlich ist es ihm möglich, seine Lebensgeschichte niederzuschreiben. Eine Befreiung, so Michael, liegt darin allerdings nicht: „Vielleicht habe ich unsere Geschichte doch geschrieben, weil ich sie loswerden will, auch wenn ich es nicht kann." (S. 206)

Übersicht 3: Michaels Schuldgefühle

Vorgeschichte

Michael, der von Elternhaus und Kirche eine „moralische Erziehung" (S. 20) erhalten hat, kann die Beziehung zu Hanna von Anfang an nicht ohne Schuldgefühle erleben.

- Bereits nach seinem ersten Besuch bei Hanna plagt ihn das schlechte Gewissen: Die sexuellen Traumbilder, die sich nun einstellen, empfindet er als nicht rechtens. (S. 20)
- Ein besonderes Unrecht sieht er darin, dass er solche „Bilder und Szenen" nicht nur „passiv träumte", sondern auch „aktiv phantasierte" (S. 20).

Die Beziehung zu Hanna

- Michael gerät in Gewissenskonflikte, weil er seine Beziehung zu Hanna seinen Freundinnen und Freunden gegenüber verheimlicht.
- Er macht sich zum Vorwurf, Hanna zu verleugnen und damit auch zu verraten.
- Hannas plötzliches Verschwinden deutet er als Strafe dafür, dass er sich nicht zu ihr bekannt hat.

Während des Prozesses

- entwickelt Michael neue Schuldgefühle: Er wirft sich nun vor, eine NS-Verbrecherin geliebt zu haben (vgl. S. 129).
- Michael, der von Hannas NS-Vergangenheit während ihrer Beziehung nichts gewusst hat, lässt seine Unkenntnis nicht als Entschuldigung gelten.
- Allein wegen seiner Liebe zu Hanna, auch aufgrund der Tatsache, dass er sie bewusst „gewählt" (S. 162) hat, sieht er sich in Schuld verstrickt und in die Verantwortung genommen.
- Seine Scham, das Leiden an seiner Liebe zu einer NS-Verbrecherin hält er denjenigen entgegen, die sich in „auftrumpfender Selbstgerechtigkeit" (S. 162) der Tätergeneration moralisch überlegen fühlen.

Übersicht 4: Hannas Lebensgeschichte

Hanna Schmitz, 1922 in Hermannstadt in Siebenbürgen geboren, arbeitete **während der NS-Zeit** zunächst beim **Wachdienst in Auschwitz**, später als **Aufseherin** in einem **Arbeitslager** bei Krakau. **Nach dem Krieg** und während ihrer **Beziehung zu Michael** ist sie **Straßenbahnschaffnerin.**

Hanna während ihrer Beziehung zu Michael

- Michael weist immer wieder auf Hannas **bestimmtes** und **energisches Verhalten** hin,
- erlebt, wie ihre Entschlossenheit und Härte in **menschenverachtende Brutalität** umschlagen können.
- Sie **schottet** ihr **Privatleben** weitgehend **ab,**
- orientiert sich an einem **rigiden Arbeits- und Pflichtbegriff,**
- **verschweigt** und **verdrängt** ihre **SS-Vergangenheit,**
- **versteckt** ihren **Analphabetismus.**

Hanna während des Prozesses

- Hanna setzt sich mit ihren Vergehen während der NS-Zeit nicht auf humaner und **moralischer Ebene** auseinander.
- Vielmehr erklärt sie ihr damaliges Verhalten mit **Sachzwängen** und der Pflicht, **vorgegebene Arbeitsanweisungen** korrekt auszuführen.
- Sie nimmt während des Verfahrens Nachteile in Kauf, nicht zuletzt aus Angst, ihr Analphabetismus könnte bekannt werden,
- **dokumentiert mit** dem **Kostüm,** das sie zur Urteilsverkündung trägt und das dem einer KZ-Aufseherin ähnelt, ihre **Uneinsichtigkeit.**

Hanna während ihrer Haft

- Hanna **lernt lesen** und **schreiben,**
- beschäftigt sich mit **Literatur zur NS-Zeit,**
- **setzt sich** so auf einer ihr bisher verschlossenen Ebene **mit ihrer Schuld auseinander.**
- Am Morgen ihrer Entlassung begeht sie **Suizid.**
- Hanna **vermacht** ihr **erspartes Geld** jener Jüdin, die ihre Vergangenheit aufgedeckt und als **Zeugin** gegen sie ausgesagt hat.

Übersicht 5: Hannas Analphabetismus

Hanna ist offenbar signierfähig (sie unterschreibt den Meldezettel im Gasthof, S. 54), im Übrigen kann sie aber **weder lesen noch schreiben.**

Michael entdeckt Hannas **Analphabetismus** erst **während des Prozesses** im 2. Teil des Romans. Viele eigenwillige Reaktionen Hannas während ihres früheren Zusammenseins und des Prozesses **deutet** er nun rückblickend und **im Wissen** um ihr **Defizit neu.**

Möglicher Grund für Hannas Analphabetismus
Ihre **Herkunft** aus dem weitgehend agrarisch strukturierten Siebenbürgen lässt vermuten, dass sie unter **ungünstigen Ausbildungsbedingungen** aufgewachsen ist.

Hannas Ausweichstrategien

Im Rückblick lassen sich viele Reaktionen Hannas als **Strategien** deuten, mit denen sie ihren **Analphabetismus kaschieren** und eine **gesellschaftliche Bloßstellung vermeiden** möchte.

- Hanna **weicht Situationen aus**, in denen die Schriftsprache wichtig werden könnte, verzichtet z. B. auf eine Beförderung bei Siemens,
- **delegiert Lese- und Schreibaufgaben**, meist unter einem Vorwand (das Ritual des Vorlesens etwa begründet sie mit Michaels schöner Stimme und damit, dass sie lieber zuhöre als lese, S. 43),
- **täuscht** andere, gibt z. B. vor, den Zettel, den Michael im Gasthof für sie hinterlassen hat, nie gesehen zu haben (S. 55 f.).

Bedeutung des Analphabetismus für den Prozess

Hannas Lese- und Schreibunfähigkeit und ihre Bemühungen, sie zu verbergen, **verringern** ihre **Chancen** auf einen **fairen Prozess.**

- So weigert sich Hanna, eine Handschriftenprobe abzugeben. Sie kann darum die Behauptung, den belastenden Bericht aus den Akten der SS selbst verfasst zu haben, nicht widerlegen.

Übersicht 6: Hannas Analphabetismus und die Schuldfrage

Pro Schuldminderung

- Hanna gerät durch ihre Bemühungen, den **Analphabetismus** zu kaschieren, in eine **Opferrolle**: Sie wird z. B. von Richtern und Anwälten in die Enge getrieben und kann die Aussagen ihrer Mitangeklagten nicht widerlegen.

- Hannas **Analphabetismus**, der dem **Milieu** anzulasten sein mag, dem sie entstammt, **begründet** ihre **politische** und **moralische Unmündigkeit**: Sie handelt **nicht eigenverantwortlich**, beruft sich z. B. auf Sachzwänge, als sie vor Gericht nach den Selektionen in Auschwitz befragt wird (vgl. S. 106).

- Hanna entwickelt durch ihre Alphabetisierung während der Haft und ihrer späten **Auseinandersetzung mit der NS-Zeit** schließlich doch **ein moralisches Bewusstsein für ihre Schuld**.

- Ihr **Vermächtnis** kann als Zeichen einer späten **Einsicht**, ihr **Selbstmord** als Form der Sühne gewertet werden.

Kontra Schuldminderung

- Dem steht entgegen, dass sich Hanna nie darum bemüht hat, lesen und schreiben zu lernen. Ihre **Unmündigkeit** kann darum im Sinne Kants als **selbstverschuldet** begriffen werden. Darauf weist der Erzähler ausdrücklich hin. **Hanna hätte**, so urteilt er, mit der Energie, die sie zum Vertuschen ihres Analphabetismus aufbringen musste, **lesen und schreiben lernen können** (vgl. S. 132).

- Dem **widerspricht** die in den USA lebende **Zeugin** und Buchautorin. Sie **verweigert** Hanna trotz ihres Verhaltens während der Haft und ihres Vermächtnisses die **Absolution**. Dagegen **hebt** sie noch einmal Hannas **Brutalität hervor** (vgl. S. 201 f.).

Übersicht 7: Das Motiv des Vorlesens

Bernhard Schlink bezieht sich mit dem Romantitel „Der Vorleser" auf ein **Motiv**, das **in allen Phasen des Romangeschehens gegenwärtig** ist und die **heterogenen Teile** der Erzählung **miteinander verbindet**.

Erster Romanteil	• Hanna verlangt, dass Michael ihr **aus** seiner **Schullektüre vorliest**.
	• Sie ist eine aufmerksame und begeisterte Zuhörerin (S. 43).
	• Wegen seiner „schöne[n] Stimme" möchte sie Michael „lieber zuhören als selbst lesen" (S. 43) – eine Begründung, die teils zutreffen mag, teils aber auch ihren **Analphabetismus kaschieren** soll.
	• Das **Vorlesen erweitert** die **Reihe der Rituale**, die bislang die Liebesbeziehung beherrscht hat.
	• Es **bringt** ein Stück **Außenwelt in** die bisher **abgeschottete Beziehung**, eine künstlich gestaltete zwar, aber immerhin bietet die literarische Welt **Gesprächsstoff**.
	• Hanna kann nun auch **Anteil an Michaels literarischer Bildung** nehmen.
Zweiter Romanteil	• Michael erfährt während der Gerichtsverhandlung, dass vor allem „junge, schwache und zarte" (S. 112) **Lagerinsassinnen Hanna vorlesen mussten**, ehe sie nach Auschwitz in den sicheren Tod geschickt wurden.
	• Er vermutet nun, dass Hanna mit ihm lediglich ein **Ritual** kopiert hat, das sie bereits **als KZ-Aufseherin praktiziert** hat.
	• Er fragt sich daher, ob Hanna ihn auch in den Tod geschickt hätte, wenn sie ihn hätte loswerden wollen (vgl. S. 153).
Dritter Romanteil	• Als Michael wieder mit dem Vorlesen beginnt, dient es zunächst seiner **Konzentration**, **Beruhigung** und **Selbstvergewisserung** (S. 174).
	• Schließlich spricht er **für Hanna** auf **Kassetten**. Er kann so mit ihr kommunizieren, ohne ihr persönlich begegnen zu müssen.
	• Er liest **Hanna** auch eigene Texte vor und sie wird für ihn zur „Instanz", die „**Kreativität**" und „**kritische Phantasie**" (S. 176) in ihm **bündelt**.
	• **Hanna lernt** mit Hilfe der Kassetten **Lesen** und **Schreiben**.

Übersicht 8: Die Erzählerfigur

Der „Vorleser" kann als eine **quasi-autobiografische** Ich-Erzählung betrachtet werden. Den Begriff hat der Literaturwissenschaftler Franz K. Stanzel geprägt.

Schlinks „Vorleser" als quasi-autobiografische Ich-Erzählung

Michael erzählt in der **Ich-Form** und aus einer gewissen **zeitlichen Distanz** heraus seine **Lebensgeschichte**. Der Roman hat **insofern autobiografische Züge.**

Das einschränkende **„quasi"** besagt:

- Der Roman wird von Michael zwar in der **Ich-Form** erzählt. **Anders als in** einer **Autobiografie** ist **Michael mit** dem **Autor** aber **nicht identisch.**
- Vielmehr ist er eine fiktive Figur, ein vom Autor erfundener Ich-Erzähler, der seine eigene, fiktive Geschichte erzählt.

Michael erzählt seine Lebensgeschichte mit einem großen **zeitlichen Abstand** und als inzwischen gereifte Persönlichkeit. Er kann die **früheren Ereignisse** darum **überdenken, neu deuten** und **einordnen.**

Dabei stehen ihm **verschiedene Möglichkeiten** zur Verfügung.

Michael kann

- Situationen, die ihm im Nachhinein besonders wichtig erscheinen, als **Schlüsselsituationen herausstellen,** (z. B. die Szene im Schwimmbad, S. 78), andere dagegen vernachlässigen,
- **Erinnerungs-** und **Wahrnehmungslücken** entweder **rekonstruieren oder** als solche **kennzeichnen** und damit **thematisieren** (vgl. Michaels ersten Besuch bei Hanna, S. 13),
- **nach** den **Handlungsmotiven** der Figuren **fragen** (vgl. S. 128),
- **frühere Einschätzungen** und **Wertungen** noch einmal **überprüfen** und gegebenenfalls **revidieren** (vgl. S. 84).

④ Prüfungsaufgaben und Lösungen

1 Der Beginn der Liebe („Ich konnte die Augen nicht von ihr lassen": 1. Teil, 4. Kapitel, 15,1–18,12)

Aufgabenstellung

1.1 Ordnen Sie das Kapitel in den Handlungszusammenhang des Romans ein und gliedern Sie es in einzelne Erzählabschnitte.

1.2 Arbeiten Sie typische Verhaltensweisen von Michael heraus und stellen Sie dar, welche Persönlichkeits- und Verhaltensaspekte von Hanna bewirken, dass Michael „seine Augen nicht von ihr lassen" kann.

1.3 Erarbeiten Sie auffallende stilistische Merkmale und die unterschiedlichen Erzählebenen in ihrer Funktion.

1.4 Erörtern Sie, inwieweit sich bereits hier problematische Aspekte der Beziehung zwischen Michael und Hanna andeuten und geben Sie unter diesem Aspekt einen kurzen Ausblick auf die weitere Entwicklung der Beziehung.

Lösungsvorschlag

Kontext und Gliederung

- Das Kapitel steht im Kontext von Michaels erstem Besuch bei Hanna Schmitz, die ihm anlässlich seines Zusammenbruchs zu Beginn seiner Erkrankung geholfen hat. Wenn auch der Erzähler sich nicht mehr genau erinnert, worüber Michael mit Hanna gesprochen hat, wird doch detailliert geschildert, wie Hanna Schmitz ihre Wäsche bügelt. Mit Michaels Absicht, sich wieder zu verabschieden, setzt die vorliegende Textstelle ein. Nach dieser Begegnung quält sich Michael mit seiner durch Hanna ausgelösten sexuellen Begierde und entschließt sich eine Woche später zu einem weiteren Besuch.

- Deutlich erkennbar sind vier Erzählabschnitte:
  - In der Absicht, Michael zu begleiten, zieht Hanna ihre Strümpfe an und wird dabei von Michael beobachtet, der, nachdem er sich ertappt glaubt, fluchtartig die Wohnung verlässt (15–16,7).
  - Michael wählt ihm vom Schulweg vertraute Straßen, um sich zu beruhigen und Distanz zu gewinnen (16,8–16,21).
  - Das eigene Verhalten löst bei Michael Wut und Scham aus und er reflektiert darüber, was ihn an Hanna so fasziniert haben könnte (16,23–17,11).
  - Aus seinen Erfahrungen mit späteren Freundinnen heraus deutet der Ich-Erzähler rückblickend Hannas Anziehungskraft als eine in ihren Gesten wahrnehmbare Weltvergessenheit (17,12–18,12).

Michaels Verhalten und Hannas Anziehungskraft

Typische Verhaltensweisen Michaels:

- Wenn er sich auch in seiner Befangenheit an die mit Hanna geführten Gespräche nicht mehr erinnert, so nimmt er doch die ihn in den Bann schlagende Gestik, mit der Hanna ihre Strümpfe anzieht, mit äußerster Detailgenauigkeit wahr.
- Hannas Blick kann er weder deuten noch ihm standhalten. Seine Verlegenheit erreicht ein für ihn unerträgliches Maß, so dass er die Flucht wählt.
- Das Empfinden von Scham (16,4 f.) und Wut über sein eigenes Verhalten (16,25 f.) sind charakteristische Merkmale in Michaels Verhalten. Seine Aggression richtet sich gegen ihn selbst und löst eine Kette von teilweise auch selbstquälerischen Reflexionen aus (16,26 f.; 17,1 f.).
- Er stellt hohe Ansprüche an sich, verlangt Souveränität, weiß aber selbst noch nicht genau, wie souveränes Verhalten hätte aussehen können.

Hannas Anziehungskraft:

- Michael beobachtet Hanna aus einer typischen Voyeursperspektive: vom Flur aus und beim Vorgang des Anziehens ihrer Strümpfe. Ihn fasziniert das verhüllende Verbergen, bei dem die Körperkonturen, vom Stoff des Unterkleids umschmeichelt, mehr zu erahnen als wirklich zu erblicken sind (15,17).
- In der Reflexion nach seiner Flucht scheint Michael dieser Zusammenhang bewusst zu werden, wenn er darüber nachdenkt, dass ihm Hanna im Schwimmbad nicht aufgefallen wäre (17,4–6).
- Jahre später wird Michael deutlich, dass es vor allem der trotz gelegentlicher Schwerfälligkeit „ruhige Rhythmus" (17,28) ihres Körpers, die „Weltvergessenheit" (17,29) und, die Aussage steigernd und pointierend, die „Einladung, im Inneren des Körpers die Welt zu vergessen" (18,4) gewesen seien, die ihn verführt hätten.

Stilistische Merkmale und Erzählebenen

- Auffallend ist die stilistische Gestaltung der beiden detaillierten Beschreibungspassagen. Inhaltlich stehen sie in einem Kontrast zueinander: Während die erste (15,4–21) den für Michael fremden, aufregenden Ankleidevorgang Hannas wiedergibt, schildert die zweite (16,8–21) die beruhigende Flucht in vertraute Straßenzüge. Der Bedeutung der kontrastiven Beschreibungen entsprechend, sind sie rhetorisch ausgestaltet: Die Beschreibung des Ankleidevorgangs wird von Anaphern eingeleitet (15,4/6/7: „Sie" an den Satzanfängen), um dann in einem langen Satzgefüge durch Reihung von Verben („stützte", „beugte", „setzte", „streifte", „neigte", „befestigte", „richtete", „nahm", „griff", 15,8–14) den Vorgang in genauer Reihenfolge zu veranschaulichen. Lange Satzgebilde prägen auch die Darstellung von

Michaels Flucht, wobei für ihn bedeutsame Details häufig mit dem traditionellen Stilmittel des Trikolons hervorgehoben werden („Bahnhofstraße, Häusserstraße, Blumenstraße"; „jedes Haus, jeden Garten und jeden Zaun", 16,8–10). Mit der rhetorischen Ausgestaltung heben sich die Beschreibungen von ihrem Textrahmen ab, erhalten Gewicht und Feierlichkeit.

• Erzählt wird auf drei Zeitebenen: Zunächst aus der Sicht und mit dem Reflexionsvermögen des 15-jährigen Michael (15,1–17,11), dann mit dem Wissen des Ich-Erzählers „Jahre später" (17,12–18,4) und schließlich zum Zeitpunkt der Niederschrift des Romans (18,5–12). So nutzt der Ich-Erzähler die Möglichkeit, mit unterschiedlichen Stadien seines Reflexionsvermögens und Erlebens zu spielen, um am Ende den Schreibprozess selbst als Erinnerungsarbeit zu thematisieren und ironisch zu brechen (18,5 f.)

Problematische Aspekte der Beziehung und Ausblick

• Von Anfang an erfährt Michael sowohl die Lust des Verführtwerdens als auch die Qual der Unterlegenheit, ja der Ohnmacht: Einerseits kann er Hannas Blick nicht standhalten (16,1–4), andererseits vermag er seine Augen nicht von ihr zu lassen (15,15; 17,14). Diese Aporie, hier als Schlüsselsituation vorgeprägt, kann Michael Berg nicht lösen. Zahllose Episoden können dies belegen, z. B.: Hannas Reaktion auf Michaels Schwänzen der Schule und seine drohende Nicht-Versetzung (36,10–27), auf seinen Versuch, sie am Morgen in der Straßenbahn zu treffen (48,4–49,17), auf den im Gasthof von Amorbach hinterlegten Zettel (54,20–56,8).

• Durch die Unerfahrenheit des 15-jährigen Jungen entsteht eine Fixierung auf die 36-jährige, dominante Hanna, aus der sich Michael nicht befreien kann und die, so die Andeutungen des reflektierenden Erzählers (17,14–21), seine späteren Beziehungen belastet. So z. B. die kurze Episode mit Sophie (84,24–85,3) und seine Ehe mit Gertrud (164,9–165,9).

2 Das Ritual des Vorlesens („Du hast so eine schöne Stimme, Jungchen": 1. Teil, 9. Kapitel, 41,26 – 44,7)

Aufgabenstellung

- Ordnen Sie den Textauszug in den Handlungszusammenhang des Romans ein und geben Sie den Aufbau des Textauszugs wieder.
- Arbeiten Sie ausgehend von der Textstelle heraus, in welcher Situation das neue Ritual des Vorlesens entsteht und welche Bedeutung es im Verlauf des Romans in der Liebesbeziehung zwischen Michael und Hanna einnimmt.
- Mit dem Romantitel „Der Vorleser" hat der Autor Bernhard Schlink einen zentralen Akzent auf das Motiv des Vorlesens gesetzt. Stellen Sie dar, welche Rolle das Vorlesen im weiteren Verlauf des Romans spielt, und erörtern Sie, inwieweit der Titel dem Geschehen des Romans gerecht wird.

Lösungsvorschlag

Kontext und Aufbau

- Zeitlich sind die Ereignisse dieser Textstelle einen Tag nach der ersten heftigeren Auseinandersetzung zwischen Michael und Hanna zu datieren: Themen sind Michaels drohende Nicht-Versetzung und seine lasche Arbeitshaltung, die Hanna so sehr provoziert, dass sie mit Liebesentzug droht, wenn er seinen Pflichten nicht nachkomme. Michael gibt nach. Auf dieses Gespräch nimmt der vorliegende Textauszug an drei Stellen Bezug (41,27 f.; 42,12 / 19). Es folgt Michaels glückloser Versuch, Hanna morgens an ihrem Arbeitplatz zu treffen, was zu einer erneuten, diesmal noch heftigeren Kontroverse führt. Hanna erreicht es auch jetzt, dass Michael sich schuldbewusst unterwirft.
- Die Textstelle lässt sich in vier Erzählabschnitte untereilen:
  - Bericht über Michaels ausgefüllte Tage: sein Nachholen des durch Krankheit versäumten Schulstoffs und seine inzwischen ausgedehnteren Treffen mit Hanna (41,26 – 42,18).
  - Hanna zeigt überraschendes Interesse an Michaels schulischer Arbeit und fordert ihn auf, ihr vorzulesen (42,19 – 43,11).
  - Mit der Androhung von Liebesentzug setzt Hanna am folgenden Tag ihre Forderung durch. Ein neues Liebesritual entsteht (43,12 – 23).
  - Hanna nimmt hohen emotionalen Anteil an den Geschehnissen der vorgelesenen Texte (43,24 – 44,7).

Ritual des Vorlesens und seine Bedeutung

- In Ansätzen hat sich bereits gezeigt, dass die auf das Ritual des Duschens, Liebens und Beieinander-Liegens fixierte Liebesbeziehung auch Probleme mit sich bringt. Hanna beantwortet Fragen nach ihrer Vergangenheit nur mit vagen Informationen, Michael wagt die Beziehung nach außen nicht zu öffnen. Das Vorlesen bietet Hanna die Möglichkeit, an Michaels literarischer Bildung teilzunehmen. Statt des sozialen Kontextes wird eine literarische Welt zur emotionalen Teilnahme und als Gesprächsstoff in die Beziehung integriert. Schließlich empfindet auch Michael nach anfänglichem Widerstand die Erweiterung des Rituals als bereichernd (43,21–23).

- In einem teilweise in Dialogform wiedergegebenen Gespräch arbeitet sich Hanna zielgerichtet an ihre eigentliche Absicht heran. Sicherlich ist vorgelesene Literatur eingängiger und, wenn der Vorlesende eine „schöne Stimme" (43,9) hat und flexibel, dem Textsinn entsprechend vorzutragen versteht, emotional ansprechender. Dies schwingt in Hannas Argumentation mit, gleichzeitig bedient sie sich mit der Formulierung „ich mag dir lieber zuhören als selbst lesen" (43,9f.) auch einer Lüge, die ihren Analphabetismus kaschiert.

- Mit der Information, dass Hanna unter den Lagerinsassinnen ihre Lieblinge gehabt habe, insbesondere „junge, schwache und zarte" (112,1f.), die ihr, ehe sie nach Auschwitz in den Tod geschickt wurden, vorlesen mussten, erhält das Motiv des Vorlesens einen weiteren Aspekt. Nun hat Michael allen Grund zur Annahme, dass Hanna mit ihm lediglich ein Ritual kopiert, das sie als KZ-Aufseherin bereits praktiziert hat. Nahe liegend ist daher seine Frage, ob Hanna ihn auch in den Tod geschickt hätte, wenn sie ihn hätte loswerden wollen (vgl. 153,9–11).

Das Motiv des Vorlesens in seiner Entwicklung

- Das Motiv des Vorlesens wird in einer Situation wieder aufgegriffen, in der Michael, inzwischen von seiner Frau Gertrud geschieden, unter Schlaflosigkeit leidet und nachts die *Odyssee* zu lesen beginnt (vgl. 174,1–12). Da er auch dabei keine Ruhe findet und sich die Erinnerung an Hanna immer wieder einstellt, beginnt er den Text laut zu lesen und schließlich für Hanna auf Kassetten zu sprechen. Damit übernimmt der Gestus des Vorlesens eine Reihe neuer Funktionen: Michael nutzt den Prozess des Vorlesens zur eigenen Konzentration, zur Beruhigung und zur Selbstvergewisserung. Die Schwierigkeit, beim Vorlesen gleichzeitig den Textsinn zu erfassen, überwindet er. So erliest er sich im Verlauf von zehn Jahren ein breites Repertoire literarischer Texte. Schließlich funktionalisiert er das Vorlesen für den eigenen Schreibprozess: Indem er seine selbst geschriebenen Texte laut liest, prüft er sie daraufhin, „ob das Gefühl stimmte" (176,14). Hanna wird für ihn die Instanz, für die er seine kreativen und kritischen Gestaltungskräfte „bündelt" (176,17–19). Gleichzeitig nimmt er, diesmal medial vermittelt, seine alte Rolle als Vorleser wieder ein und ermöglicht es Hanna, mit Hilfe der Kassetten und der damit verbundenen Möglichkeit, den Text beliebig oft zu wiederholen, den eigenen Alphabetisierungsprozess zu beginnen.

- Mit dem Titel „Der Vorleser" werden alle sensationellen Assoziationen vermieden. Nicht angespielt wird auf die Liebesgeschichte eines Jungen mit einer ehemaligen KZ-Aufseherin, auf die gerichtliche Aufarbeitung von NS-Verbrechen, auf die qualvollen Versuche des erwachsenen Jungen, seine eigene Vergangenheit und die frühen Prägungen zu verarbeiten. Die Thematik des Vorlesens ist jedoch in allen Phasen des Romangeschehens in jeweils unterschiedlicher Ausprägung präsent: Als Teil des ritualisierten Liebesgeschehens, in der Gerichtsverhandlung bei der Aufdeckung von Hannas Vergangenheit als KZ-Aufseherin und schließlich während ihrer Haftzeit als über Kassetten vermittelter Beitrag Michaels zu Hannas Alphabetisierung. Als schließlich die in New York lebende jüdische Zeugin Michael nach seiner Beziehung zu Hanna befragt, antwortet er mit der prägnanten Bemerkung: „Ich war ihr Vorleser." (201,22). Schlink hat als Romantitel ein Motiv gewählt, das die heterogenen Teile des Romans miteinander verbindet.

3 Das Ende der Liebe („Jetzt ab zu deinen Freunden": 1. Teil, 16. Kapitel, 75,1–78,19)

Aufgabenstellung

- Gliedern Sie den Text in einzelne Erzählabschnitte und stellen Sie dar, in welcher Weise die einzelnen Erzählabschnitte das abrupte Ende des Kapitels vorbereiten.
- Arbeiten Sie ausgehend von der Textstelle Hannas Verhalten heraus und bewerten Sie es vor dem Hintergrund Ihrer Kenntnis des Gesamttextes.
- Die abschließende Szene im Schwimmbad ist für Michael ein erneuter Anlass, sich in Zusammenhängen von Schuld und Strafe zu verstricken. Erläutern Sie, wie es bei Michael zu einer solchen Erlebnisweise kommt und wie er im Verlauf des Romans damit umgeht.

Lösungsvorschlag

Aufbau des Kapitels

Das Kapitel lässt sich in drei große Abschnitte gliedern, die ihrerseits deutlich voneinander abgehobene Unterabschnitte aufweisen:

1. Reflexion über Hannas Verhalten außerhalb der gemeinsam verbrachten Zeit (75,1–76,19): Im Rahmen einer zusammenfassenden Reflexion bewertet der Ich-Erzähler Hannas Art, sich über ihre Lebensweise weitgehend in Schweigen zu hüllen. Mit der Bemerkung „Ich habe sie auch nie zufällig getroffen" (75,20) und mit dem Zitieren von Hannas gelegentlicher, einem Western entnommenen Bemerkung: „Was willst du jetzt? Dein ganzes Leben in einer Stunde?" (76,16 f.) wird angedeutet, dass in diesem Kapitel Ungewöhnliches geschehen wird.

2. Das erste unverabredete Treffen (76,18–77,19): Der Abschnitt beginnt mit dem resümierenden Satz „Ich sah Hanna nur einmal unverabredet" (76,18) und markiert damit das Einsetzen der Handlung. Erkennbare Unterabschnitte:
   - Unterbrechung der Handlung durch Schilderung von Hannas Stimmung: jetzt erleichtert, aber zuvor angespannt, bedrückt, verletzlich (76,21–77,4).
   - Überraschendes Zurückweisen des Rituals: Hanna verzichtet auf das Vorlesen und beginnt mit dem Baden (77,5 f.).
   - Baden und Lieben mit besonderer Vorbereitung und einzigartiger Intensität (77,7–19).

3. Beendigung der Liebesbeziehung (77,20–78,19). Deutlich markierte Unterabschnitte:

- Verabschiedung Michaels durch Hanna und Michaels benommene und distanzierte Stimmung im Schwimmbad (77,21–30).
- Normalisierung seiner Stimmung und unvermittelter Anblick von Hanna (78,1–5).
- Versäumte Begrüßung und plötzliches Verschwinden Hannas (78,6–16).
- Zurückbleibendes Bild von Hanna als statisches Ende der Szene (78,17–19).

Die Dynamik, mit der die Handlung des Kapitels auf das Ende der Beziehung hinsteuert, wird bewirkt durch den Wechsel von Reflexion und Beschreibung einerseits sowie von kurzen, lakonischen, mit unvermittelter direkter Rede versehenen Absätzen. Der gequälten und gereizten Stimmung Hannas entspricht Michaels Gefühl der Benommenheit, beides Vorausdeutungen darauf, dass der „Gleitflug unserer Liebe" (67,15) einem Ende zusteuert. Wichtige Informationen werden entweder abrupt am Absatzanfang (76,18; 77,5; 77,20) oder wie beiläufig am Absatzende gegeben (78,5; 78,18f.). Solchermaßen mit sparsamen Mitteln dramatisch durchgestaltete Kapitel sind typisch für den Roman.

Hannas Verhalten

- Hanna betreibt mit der Verschleierung ihrer Lebenszusammenhänge ein Machtspiel: Entweder weist sie Michaels Fragen als Vermessenheit zurück oder antwortet ausweichend, vage, belanglose Tätigkeiten aufzählend. Sie nimmt Michaels Gefühle wenig ernst, ist bemüht, ihn klein zu halten, speist ihn mit Kinderversen ab (vgl. 75,13ff.). Auf die leidenschaftliche Ungeduld, mit der er bei Hanna auftaucht, reagiert sie gelegentlich mit einem Westernzitat, das auch ironische Untertöne erkennen lässt (vgl. 76,16f.)
- Ereignisse, die sie umtreiben und tagelang in eine gereizte Stimmung versetzen, verschweigt sie, weist den fragenden Michael ab, auch wenn ihre Gefühle sie eigentlich verraten (vgl. 76,21–30). Rückblickend lässt sich erschließen, dass dies die Phase war, in der Hanna über ihren Aufstieg zur Straßenbahnfahrerin zu entscheiden hatte.
- Ehe Hanna Michael zu seinen Freunden schickt und sich damit endgültig von ihm trennt, inszeniert sie ein herausragendes Beisammensein: Diesmal zielt sie nicht auf seine Unterwerfung, sondern auf ein Kulminationserlebnis.
- Hannas Besuch im Schwimmbad dient möglicherweise ihrem Bedürfnis, Michael am Ende der Beziehung im Kreis seiner Freunde zu sehen. Ihr plötzliches Verschwinden ist jedoch auch in den Kontext ihres Machtspiels einzuordnen.
- Hanna zeigt in diesem Kapitel Verhaltensweisen, die an ihre Vergangenheit als KZ-Aufseherin gemahnen: Wenn sie Michael nach dem Erlebnis intensiver Nähe mit den Worten „Jetzt ab zu deinen Freunden" (77,20) unvermittelt wegschickt, stellen sich Assoziationen zu der Art und Weise ein,

in der sie die zum Transport nach Auschwitz vorgesehenen Mädchen behandelt hat (vgl. 112,1–16). Gemessen an den psychischen Verletzungen, die sie Michael mit einem solchen Verhalten zufügt, ist der in seiner Brutalität kaum zu überbietende Schlag mit dem Lederriemen in Michaels Gesicht (vgl. 54,20–55,2) möglicherweise leichter zu verkraften.

Michaels Verstrickung in Schuld und Strafe

- Dass Michael vom Beginn der Beziehung an sich in Schuld- und Strafvorstellungen verstrickt hat, wird im Verlauf der Vorgeschichte immer wieder deutlich. Schon die sexuellen Traumbilder nach der ersten Begegnung mit Hanna sind von Schuldgefühlen begleitet. Schuldhaftes Verhalten sieht er im weiteren Verlauf der Beziehung auch darin, dass er seine Beziehung zu Hanna gegenüber seiner Peergroup verheimlicht, dass er sich nicht zu Hanna bekennt und sie damit verrät. Durch Hannas unvermitteltes Auftauchen im Schwimmbad und ihren plötzlichen Aufbruch ohne jedes weitere Lebenszeichen erhalten seine Schuldgefühle einen neuen Schub und er deutet Hannas Verschwinden als Strafe für sein Verleugnen und Verraten ihrer Beziehung (vgl. 80,24–27). Diese Schuldgefühle ergreifen ihn so sehr, dass er gelegentlich versucht, das Erlebnis im Schwimmbad zu tilgen und sich einzubilden, die Frauengestalt sei nicht Hanna gewesen (vgl. 80,28–81,5).
- Auch später, als Michael das mit dem Verleugnen in keinem Zusammenhang stehende Motiv für Hannas Verschwinden erfährt, lässt er zwar den Gedanken der Bestrafung fallen, hält an seiner Schuld aber dennoch fest (vgl. 129,11–13). Gleichzeitig entsteht eine neue Schuldvorstellung in ihm, die daher rührt, dass er eine NS-Verbrecherin geliebt habe (vgl. 129,13–16). Auf diese Weise mit den Schuldigen verstrickt zu sein, hindert ihn daran, zu einer klaren, verurteilenden Haltung gegenüber NS-Verbrechern zu finden (vgl. 162,6–22).

4 Der KZ-Prozess („Sollen wir nur in Entsetzen, Scham und Schuld verstummen?": 2. Teil, 4. Kapitel, 95,1 – 100,9)

Aufgabenstellung

- Stellen Sie dar, was dazu geführt hat, dass Michael an Hannas Gerichtsverhandlung teilnimmt, und arbeiten Sie die gedankliche Struktur des Kapitels heraus.

- Erläutern Sie Michaels Haltung gegenüber Hanna und den ihr vorgeworfenen Verbrechen sowie seine Einstellung zur angemessenen Aufarbeitung von NS-Verbrechen.

- Stellen Sie dar, in welcher Weise sich die geschilderte Betäubung auf Täter, Opfer, Prozessbeteiligte und -beobachter auswirkt, und erörtern Sie, in welcher Weise sie Michaels Verhalten im Verlauf der Verhandlung beeinflusst.

Lösungsvorschlag

Kontext und gedankliche Struktur

- Sieben Jahre nach dem Ende seiner Liebesbeziehung nimmt Michael im Rahmen seines Jurastudiums an einem Seminar zur Aufarbeitung eines NS-Prozesses teil. Es entwickelt sich unter den Teilnehmern ein starkes Gemeinschaftsgefühl in dem Bewusstsein, die von der Vätergeneration begangenen Verbrechen aufzuklären. Michael, dessen Vater in der NS-Zeit seines Dienstes enthoben wurde, fühlt sich zunächst nicht so sehr dazu berufen, über die Verbrechen der Vätergeneration zu richten. Dann erkennt er bei seinem ersten Gerichtsbesuch Hanna unter den Angeklagten und lässt von da an keinen Verhandlungstermin aus.

- Der gedankliche Aufbau des Kapitels lässt sich in folgende Abschnitte gliedern:
  - Beschreibung von Hannas Verhalten im Gerichtssaal und dessen Wirkung auf Michael als Beobachter. (95,1–96,20)
  - Die Betäubung, die Michael bei sich wahrnimmt und die bewirkt, dass er an dem, was er sieht und hört, innerlich nicht mehr beteiligt ist. (96,21–97,14)
  - Unter dem Eindruck der zutage tretenden Gräueltaten Übergreifen des Gefühls der Betäubung auch auf die übrigen an der Verhandlung Beteiligten. (97,15–98,17)
  - Wiedergabe von Berichten Überlebender, aus denen hervorgeht, dass auch die Opfer und Täter der NS-Verbrechen unter einer derartigen Betäubung, einer derartigen Teilnahmslosigkeit litten. (98,18–99,3)

127

- Im Rückblick Reflexion des Ich-Erzählers darüber, ob man in diesem Kontext Täter und Opfer überhaupt miteinander vergleichen dürfe. (99,4–99,21)
- Thematisierung der Frage, wie die Generation der Nachlebenden mit den Verbrechen der NS-Zeit umgehen könne. (99,22–100,9)

Michaels Haltung gegenüber Hanna und den NS-Verbrechen

- Abgesehen von einem kurzen Blickkontakt, während Hanna sich umdreht, kann Michael sie nur von hinten beobachten. Aus einer ersten Einschätzung ihres Verhaltens (95,5–17) zieht er das Fazit, dass Hanna vor Gericht hochmütig wirkt: Ihren Blick hat sie starr auf die Gerichtsbank gerichtet, in den Pausen bleibt sie in sich gekehrt und schweigend auf ihrem Platz sitzen, während die Mitangeklagten sich gesprächsbereit zeigen. In einem zweiten Zugang (95,18–96,11) bemüht er sich, körperliche Details wahrzunehmen und einzelne Körperhaltungen mit emotionalen Befindlichkeiten in Einklang zu bringen (z.B. misslingende Erwiderung–herabsinkende Schultern, 96,4 f.). Aufschlussreich ist dabei der Sprachgebrauch: Während der Erzähler zunächst formuliert: „Ich sah ihren Kopf", präzisiert er im nächsten Satz: „Ich las ihren Kopf" und beschreibt damit den Wahrnehmungsvorgang als ein Dechiffrieren und eine Sinnkonstruktion, notwendig geworden aufgrund der wenigen Zeichen, die aus seiner Perspektive erfassbar sind. In einem dritten Zugang geht der Erzähler auf ganz persönliche Details wie etwa ein Muttermal ein und Erinnerungen aus der Zeit der Liebesbeziehung werden aktualisiert. Dieser Vorgang des Erinnerns ist jedoch nicht mit Gefühlen verbunden, sondern lediglich ein Akt des Registrierens. Michael konstatiert einen Zustand der Betäubung, bei dem alles Geschehen in weite Ferne rückt. Zwar bemüht er sich, Hanna mit den Verbrechen, deren sie beschuldigt wird, in Beziehung zu bringen und sie sich möglichst deutlich vorzustellen (vgl. 96,22 ff.), doch Emotionen stellen sich nicht ein. Michael bleibt Hanna gegenüber in der Rolle des teilnahmslosen Beobachters.
- Dieser Zustand des Betäubtseins ist für den Ich-Erzähler der Anlass, darüber zu nachzudenken, wie seine Generation der Nachlebenden mit den Verbrechen der Väter umgehen könne. In pointierten Formulierungen weist er überhebliche Gesten wie „meinen, begreifen zu können, was unbegreiflich ist", „vergleichen, was unvergleichlich ist" zurück, um schließlich auch das Nachfragen zu verwerfen, weil nur das Verstummen „in Entsetzen, Scham und Schuld" angesichts der Grausamkeit der Verbrechen angemessen sei. Damit ist der Prozess des Nachdenkens aber noch nicht am Ende: Dass wenige Täter verurteilt und bestraft würden und die nachfolgende Generation „in Entsetzen, Scham und Schuld verstummen" solle, so schließt der Erzähler, „das sollte es sein?" (100,6–9). Das Problem, wie die NS-Verbrechen der Vätergeneration aufzuarbeiten seien, wird an dieser

Stelle des Romans zugespitzt und konkret greifbar, nicht aber gelöst. Eine mögliche Lösung deutet sich allerdings im Verhalten der in den USA lebenden Zeugin in Hannas Verfahren an: Von ihr berichtet der Erzähler, sie habe sich nicht durch Selbstmitleid korrumpieren lassen, sondern neues Selbstbewusstsein durch ihr Überleben und die Aufarbeitung und literarische Gestaltung ihrer traumatischen Erlebnisse bezogen (115,1–7). Dies ist der Weg, den schließlich auch der Erzähler selbst gegangen ist (vgl. 206,3–16).

Der Zustand der Betäubung und seine Auswirkung auf Michaels Verhalten

- Der Ich-Erzähler schildert einen Zustand der Betäubung, in dem Fakten und Zusammenhänge zwar noch wahrgenommen werden können, sich den Situationen entsprechende Emotionen aber nicht mehr einstellen. Aus Berichten von überlebenden Opfern wie Tätern ist ihm bekannt, dass angesichts des täglichen Entsetzens ähnliche Zustände der Apathie, der Stumpfheit, der Teilnahmslosigkeit sich in den Lagern ausgebreitet hätten, ein Zustand, den er mit dem Begriff des Versteinerns in der Betäubung (vgl. 99,2 f.) präzisiert. Dieser Zustand des Betäubtseins bemächtigt sich des Gerichts, teils überspielt durch Betriebsamkeit und Fröhlichkeit, ergreift aber besonders Michael, der in allen seinen Lebensbereichen neben sich zu stehen meint.
- Das Betäubtsein als Reaktion auf Erlebnisse, die in ihrer Grausamkeit die Aufnahmefähigkeit übersteigen, beeinflusst auch punktuell Michaels Verhalten während der Gerichtsverhandlungen. Zwar entstehen zwei Situationen, in denen er glaubt, für Hanna Partei ergreifen zu müssen: Als er erfährt, dass Hanna sich von den für einen Transport nach Auschwitz vorgesehenen Mädchen hat vorlesen lassen, beschwört er Hanna in Gedanken, die Wahrheit zu sagen, wie er selbst sie sich zurechtlegt (113,1–9). Nach der Entdeckung ihres Analphabetismus fühlt sich Michael nicht mehr als Zuschauer, sondern als Teilnehmer der Verhandlung und erwägt ein Eingreifen (132,1–18). Nicht klar auszumachen ist allerdings, ob die besagte Betäubung oder nicht eher ein Vermeidungsverhalten dazu führen, dass seine Versuche, in das Verfahren zu Gunsten Hannas einzugreifen, schon im Vorfeld scheitern. Im Diskurs mit seinem Vater muss er erfahren, dass nur ein Gespräch mit Hanna den Ansprüchen von Freiheit und Menschenwürde gerecht würde (136,21–30). Dieser Weg aber ist ihm verschlossen. Eine Unterredung mit dem Vorsitzenden Richter endet in freundlichen Belanglosigkeiten, ohne dass Michael an irgendeiner Stelle den Versuch unternommen hätte, seine wirkliche Gesprächsintention vorzubringen (vgl. 154,12–155,8). Die Betäubung, die sich daraufhin auf die Ereignisse der vergangenen Wochen legt, befähigt ihn zwar, sich konzentriert seiner Arbeit zuzuwenden, doch überwindet er sie erst durch das Auskurieren der körperlichen Symptome, die sie hervorgerufen hat (vgl. 160,8–18).

5 Hannas Analphabetismus
("Hanna konnte nicht lesen und schreiben":
2. Teil, 10. Kapitel, 125,1–129,16)

Aufgabenstellung

- Lokalisieren Sie den Textauszug im Kontext der Gerichtsverhandlung und geben Sie eine gegliederte Übersicht über den Aufbau des Kapitels.
- Arbeiten Sie typische erzählerische und stilistische Mittel heraus und bewerten Sie diese im Hinblick auf ihre Funktion.
- Erörtern Sie, ausgehend vom vorliegenden Kapitel, ob Hannas Analphabetismus vor Gericht, wäre er bekannt geworden, strafmildernd hätte wirken können und ob er im wertenden Urteil des Lesers ihre Schuld mindert.

Lösungsvorschlag

Kontext und Kapitelaufbau

- Michaels Entdeckung von Hannas Analphabetismus folgt unmittelbar nach einem Kulminationspunkt des Hauptverfahrens: Der erste Anklagepunkt, die monatliche Selektion der nicht mehr arbeitsfähigen Frauen betreffend, ist bereits zu Ungunsten Hannas abgehandelt. Der zweite Anklagepunkt, der sich auf das Verhalten der Aufseherinnen während der Bombennacht bezieht, führt zu einer für Hanna sehr kritischen Phase. Zur Klärung der Frage, ob die angeklagten Aufseherinnen dafür verantwortlich zu machen sind, dass die Türen der brennenden Kirche nicht geöffnet wurden, wird ein Bericht herangezogen, den angeblich Hanna geschrieben haben soll. Hanna bestreitet die Autorschaft, aber angesichts eines drohenden Schriftvergleichs bekennt sie sich schließlich doch dazu. Damit hat sie sich in eine fast ausweglose Situation gebracht. Hier wird der Prozessbericht durch die Schilderung von Michaels Entdeckung unterbrochen, um anschließend mit Hannas verzweifelten Kampf und ihrem Aufgeben zu enden.
- Der Aufbau des Kapitels lässt sich in deutlich voneinander abgehobenen, zum Teil kontrastierenden Abschnitten beschreiben:
  - Im Gegensatz zu seinen Seminarsitzungen erinnert sich der Ich-Erzähler gut an seine sonntäglichen Wanderungen durch die Natur. Er gesteht, sich in der vertrauten Umgebung wohler zu fühlen als auf Fernreisen (125,1–126,10).
  - Nach der kurzen Mitteilung, die Stelle gefunden zu haben, an der sich ihm Hannas Geheimnis enthüllt habe, beschreibt er den Ort und den gedanklichen wie topographischen Weg dorthin (126,11–28).
  - In einem lakonischen Satz teilt der Erzähler das Geheimnis mit: "Hanna konnte nicht lesen und schreiben" (126,29).

– Er nimmt eine Neubewertung aller Situationen vor, in denen Hannas Analphabetismus zur Deutung ihres Verhaltens herangezogen werden kann (126,30 – 127,20).

– Mit der Überlegung, aus Angst vor Bloßstellung sei zwar sowohl ausweichendes als auch verletzendes Verhalten verstehbar, nicht aber ein Verbrechen, problematisiert er seine Neubewertung (127,21 – 128,8).

– Er deutet einzelne Situationen vor Gericht nun zu Hannas Gunsten (128,9 – 129,4).

– Der Erzähler blickt auf das Ende der Liebesbeziehung zurück, verlagert das Motiv der Schuldgefühle vom Verrat an Hanna auf die Liebe zu einer Verbrecherin (129,5 – 16).

Erzählerische und stilistische Mittel

• Der Erzähler lenkt von der Aufarbeitung des Prozessgeschehens zu seinen sonntäglichen Spaziergängen über, beschreibt die Natur und sein Naturerleben und fügt einen Exkurs über seine Einstellung zu Fernreisen an. Mit einem abrupten Themenwechsel verweist er darauf, die Stelle gefunden zu haben, wo sich ihm Hannas Geheimnis offenbart habe (126,11 f.). Hier spielt er mit der Ahnungslosigkeit des Lesers, den er erst über Naturschilderungen und daran anknüpfende Reflexionen zur eigentlich brisanten Information des Kapitels führt. Aber auch jetzt beschränkt er sich auf eine vage Andeutung, um zwischen die Informationen „Hanna hat ein Geheimnis" und „Hanna konnte nicht lesen und schreiben" in einer längeren Passage den Ort der Enthüllung ex negativo zu beschreiben, den Weg seiner Gedanken sowie den topographischen Weg zu diesem Ort nachzuzeichnen. Damit folgt die Erzählstrategie der Überzeugung, dass sich das Überraschende am ehesten im Vertrauten zeige (vgl. 126,22 – 25), schafft durch das verzögerte, abrupte Einstreuen der wichtigsten Informationen schroffe Kontraste und erhöht die Spannung beim Leser.

• Auf die Brisanz der Enthüllung folgt eine radikale Neubewertung von Hannas Verhalten, die dem Gemütszustand des Erzählers und der Bedeutung der Reflexionen entsprechend rhetorisch gestaltet ist: Auf fünf anaphorisch gereihte Aussagesätze, jeweils mit „Deswegen hatte sie" beginnen, folgen fünf Fragesätze, die teils den Anfang der vorangehenden Sätze in der Inversion wieder aufnehmen (vgl. 126,30 – 127,20). Bei der erneuten Umdeutung einzelner Schlüsselsituationen entsteht der pathetische Gestus durch die mit einem „Nein" oder „Und nein" markierten Satzanfänge sowie durch die fünfmalige Wiederholung des Possessivpronomens „ihr" („ihr Interesse", „ihre Wahrheit", „ihre Gerechtigkeit", „ihr Kampf", 128,23/24/28). Die vielen Parallelismen im Satzbau, die Enumerationen und Akkumulationen (z. B. 127,23 – 25) sowie die auf sentenzenhafte Höhepunkte hinarbeitenden Wortspiele (vgl. 127,27 – 30) geben der Textstelle ein ihrer Bedeutung angemessenes pathetisches Gewicht.

Bewertung des Analphabetismus als schuldmildernd

- Zwar ist Hannas hochmütiges und uneinsichtiges Verhalten nicht ohne Wirkung auf das Gericht, durch das Bekenntnis ihres Analphabetismus hätten sich aber ihre Haftbedingungen möglicherweise verändert und das Urteil wäre milder ausgefallen:
  - Ihr Wechsel zur SS hätte als eine Flucht vor einer Beförderung bei Siemens gedeutet werden können (vgl. 91,24–30).
  - Sie wäre möglicherweise auf freien Fuß gesetzt worden, wenn sie die Gerichtsvorladungen hätte lesen können (vgl. 94,10–17).
  - Sie hätte sich mit dem Buch der Zeugin auseinander setzen und sich auf das Verfahren vorbereiten können (vgl. 104,10–17).
  - Dass sie sich von Mädchen, denen der Transport nach Auschwitz drohte, hatte vorlesen lassen, wäre neu bewertet worden (vgl. 112,1–16).
  - Die Autorschaft des Berichts über das Verhalten der Aufseherinnen beim Brand der Kirche hätte ihr nicht zugeschoben werden können (vgl. 123,26–124,17).

Bei einer Erörterung der Frage, ob Hannas Analphabetismus im wertenden Urteil des Lesers ihre Schuld mindert, sind folgende Aspekte zu beachten:

- Sicherlich gerät Hanna durch das Verschweigen ihres Analphabetismus in eine Opferrolle. In zahllosen Situationen ist sie die Unterlegene, wird von Richtern und Anwälten in die Enge getrieben und von den Mitangeklagten belastet. Das könnte dazu beitragen, dass sie im Urteil des Lesers entlastet wird.
- Dem steht gegenüber, dass sie sich den Mühen einer Alphabetisierung nie gestellt hat, dass ihre Unmündigkeit selbst verschuldet ist, dass sie, wie es der Erzähler deutlich formuliert, mit der Energie, die sie zum Vertuschen ihres Analphabetismus aufbringen musste, Lesen und Schreiben hätte erlernen können (vgl. 132,26–30).
- Auch in der Liebesbeziehung mit Michael sind viele Situationen unter dem Aspekt von Hannas Analphabetismus neu zu bewerten, wie es auch im vorliegenden Kapitel geschieht. Nicht aber zu entschuldigen sind ihre Brutalität z.B. beim Schlag mit dem Riemen (vgl. 54,20–24) und die Art, wie sie Michael als Vorleser und Liebhaber für die Befriedigung ihrer eigenen Bedürfnisse ausnutzt und dominiert.
- Hannas späte Alphabetisierung während ihrer Haft, ihr offensichtliches Bemühen, ihr eigenes Verhalten während der NS-Zeit zu verstehen, und schließlich ihr Vermächtnis bewirken sicherlich menschliche Anteilnahme.
- Dies nachträglich als schuldmindernd anzuerkennen, ist jedoch problematisch. Hierzu lässt der Erzähler stellvertretend die in den USA lebende Zeugin und Buchautorin noch einmal zu Wort kommen, die Hanna trotz ihres Verhaltens während der Haft und ihres Vermächtnisses die Absolution verweigert und ihre Brutalität noch einmal hervorhebt (vgl. 201,9–15 und 202,3).

- Letztlich ist auch zu berücksichtigen, dass von einem anspruchsvollen literarischen Text keine Schwarz-Weiß-Malerei zu erwarten ist. Gerade die differenzierte Ausgestaltung der Personen und Situationen bringt es mit sich, dass sich der Leser in den Text verstrickt und Impulse für eigene Reflexions- und Aufarbeitungsprozesse aufgreift.

6 Letztes Wiedersehen („So nahmen wir Abschied, noch ehe wir uns im Haus trennen mußten": 3. Teil, 8. Kapitel, 184,1–188,24)

Aufgabenstellung

- Ordnen Sie das Kapitel in den Handlungszusammenhang des Romans ein und stellen Sie seine Bedeutung für den Fortgang des Geschehens dar.
- Arbeiten Sie heraus, inwieweit sich Hannas Persönlichkeit und die Dynamik der Beziehung zwischen Michael und Hanna verändert haben.
- Entwickeln und erörtern Sie, ausgehend von dem vorliegenden Text, mögliche Motive für den anschließenden Selbstmord Hannas.

Lösungsvorschlag

Handlungszusammenhang und Bedeutung

- Seit dem Ende des Prozesses hat Michael einen persönlichen Kontakt mit Hanna vermieden, erst acht Jahre später nach ihrem Verbleib geforscht und ihr von dann ab über einen Zeitraum von zehn Jahren regelmäßig Tonkassetten mit von ihm selbst vorgelesenen Texten geschickt. Erst die Nachricht, dass man einem Gnadengesuch Hannas stattgeben werde, setzt Michael unter Druck und er realisiert, dass für Hanna in seinem Leben kein Platz mehr ist. Etwa eine Woche vor ihrer Entlassung besucht er sie zum ersten und auch zum letzten Mal, eher widerstrebend als erwartungsvoll.
- Nach achtzehn Jahren der Distanz steht nun für Michael wie Hanna die Frage an, welche Art von Beziehung für beide lebbar ist, wie der Gefängnisaufenthalt, die Arbeit der Alphabetisierung und die Auseinandersetzung mit ihrer Schuld Hanna geprägt haben. Insofern findet in diesem Kapitel eine ganz entscheidende Weichenstellung statt. Die erneute Begegnung wird von beiden mit höchster Anspannung und Aufmerksamkeit verfolgt und in ihr sind mögliche Motive für Hannas Selbstmord am Morgen ihrer Entlassung zu suchen.

Hannas Persönlichkeit und die Beziehungsdynamik

- In schroffem Kontrast zu dem von Michael zuletzt gespeicherten Bild, das „Hanna in Shorts und geknoteter Bluse, mir ihr Gesicht zugewandt" (78,17–19) zeigt, trifft er nun eine Frau in einem zu engen, am Körper spannenden Kleid, die erst, nachdem sie sich beobachtet fühlt, ihr Gesicht zu ihm wendet (184,14 f. / 18–20). Mit der Frage: „Hanna? Die Frau auf der Bank war Hanna?" (184,11) drückt der Erzähler Michaels Befremden aus. Hanna weist alle Anzeichen der Alterung auf: graue Haare, tiefe Furchen im Gesicht, einen schweren Leib, eine Lese-Halbbrille (184,11–13/17). Auffallender als die äußeren Zeichen der verstrichenen Jahre ist jedoch ihr Habitus: Das Eingangsbild zeigt sie auf einer Bank im Gefängnisgarten, mit den Händen im Schoß ein Buch haltend, nicht aber lesend, sondern über den Rand der Brille einer anderen Insassin zuschauend, die Spatzen füttert (184,15–17). So wirkt Hanna nicht nur gealtert, sondern auch inaktiv und resigniert. Was Michael aber offensichtlich am stärksten irritiert, sind die olfaktorischen und haptischen Veränderungen: Aus der Erinnerung entwickelt der Erzähler ein ungewöhnlich detailliertes Geruchspanorama ihres gesamten Körpers (185,8–186,6), um anschließend lakonisch festzustellen: „Ich saß neben Hanna und roch eine alte Frau." (186,7) Am Ende des Besuchs nimmt er sie noch einmal in die Arme, bemerkt aber lapidar: „sie fühlte sich nicht richtig an." (188,20) Zwar geht bei Michaels Anblick ein kurzes Leuchten durch ihr Gesicht, versucht sie, sich seiner Gefühle zu vergewissern, doch dann erlischt der Glanz und es bleibt „ein freundliches, müdes Lächeln." (184,21–185,5)

- Alles deutet darauf hin, dass Hanna bereits in den ersten Minuten der Begegnung intuitiv erfasst hat, dass die gemeinsame Zeit nicht zurückzuholen ist, und mit tiefer Enttäuschung reagiert. Sie beginnt das Gespräch mit der auf die Fremdheit abhebenden Bemerkung „Du bist groß geworden" (185,5), redet ihn aber dennoch mit „Jungchen" (185,6) an und nimmt seine Hand. Michael seinerseits spürt ihre Enttäuschung, rückt etwas näher zu ihr und beginnt eine herzlich gemeinte, aber förmlich und wenig gefühlvoll eingeleitete Konversation. Spannend zu beobachten ist, dass er wieder in die alten Verhaltensweisen zurückfällt, es gut machen will, sich verstellt, um Hanna nicht zu enttäuschen. Hanna ihrerseits spürt seine Distanz, spricht deutlich aus, dass es mit dem Vorlesen jetzt wohl ein Ende habe, während Michael, dasselbe denkend, dementiert und das Thema wechselt (vgl. 186,12–27). Wenn er Hanna zu verstehen gibt, dass ihre Briefe ihn erfreut hätten und er sie bewundert habe, so wird durch den Zusatz des Erzählers: „Das stimmte; ich hatte sie bewundert und mich gefreut" (186,26–30) deutlich, auf welcher Gratwanderung zwischen offener Zuwendung und höflicher Verstellung Michael sich befindet. An zwei Stellen schließlich lenkt das Gespräch von förmlichen Höflichkeiten zu Fragen über, die die Beteiligten innerlich betreffen. So stellt Michael die entscheidende Frage, die vieles aufklären könnte, ob Hanna in der Zeit ihres Zusammenseins nie an ihre NS-Zeit gedacht habe. Hanna spürt den Vorwurf, der gleichzeitig in dieser Frage steckt, und wiederholt ihre alten Verhaltensweisen: Sie fragt zurück, lenkt ab und führt das Gespräch in die von ihr intendierte Richtung (vgl. 187,12–28). Die Frage, die Hanna bewegt, nämlich ob Michael verheiratet sei, beantwortet er hingegen korrekt, erwähnt auch noch seine Tochter, die er gerne bei sich wohnen haben wolle (188,6–8), so dass für Hanna nun klar ist, dass sie in Michaels Leben keinen

Platz mehr finden kann. Der vorzeitige Abschied am Ende dieses von Förmlichkeit und Distanz, von Resten alter Rituale geprägten Gesprächs zeigt deutlich, dass sich kein Wiederaufleben der Beziehung abzeichnet.

Mögliche Motive für Hannas Selbstmord

- Ein mögliches Motiv für Hannas Selbstmord ist sicherlich darin zu sehen, dass, und so muss es Hanna deuten, die einzige Bezugsperson in der Außenwelt sich ihr entfremdet hat. Zwar nimmt sie wahr, dass Michael sich um ihre Resozialisation gewissenhaft bemüht, begegnet seinen Planungen sogar mit leichter Ironie (vgl. 191,3 f.), doch spürt sie, dass hinter seiner Zuwendung die Gefühle fehlen, die ihr Geborgenheit geben könnten.
- Wie sie im Gespräch mit Michael darstellt, fühlt sie sich von niemandem verstanden und leitet daraus ab, dass auch niemand von ihr Rechenschaft verlangen könne, wohl aber die Toten, die sie im Gefängnis jeden Tag besucht hätten (vgl. 187,17–28). Dies lässt darauf schließen, dass Hanna durch die Aufarbeitung der NS-Verbrechen aus der Sicht der Täter wie der Opfer sich ihrer Schuld bewusst geworden ist, dass ihre Schuld sie in nächtlichen Visionen bedrängt, sie außerhalb des Gefängnisses vielleicht noch mit stärkerer Intensität bedrängen könnte und dass sie sich diesen Qualen nicht mehr gewachsen fühlt.
- Schließlich könnte ein Motiv auch darin bestehen, dass sie sich für einen Neuanfang in der Außenwelt, stigmatisiert und von Schuldgefühlen beherrscht, nicht mehr stark genug fühlt. Aus den Berichten der Gefängnisleiterin geht hervor, dass Hanna sich seit einigen Jahren aufgegeben, vernachlässigt und in sich selbst zurückgezogen habe (vgl. 196,11–197,4). Der Selbstmord wäre dann als letzter, radikalster Schritt auf dem Weg der Zurücknahme ihrer Person zu deuten.

7 Die Zeugin („Und Frau Schmitz damit die Absolution geben?": 3. Teil, 11. Kapitel, 199,1–204,4)

Aufgabenstellung

- Stellen Sie den Verlauf des Gesprächs zwischen Michael und der bereits im Prozess vernommenen Zeugin von Hannas KZ-Zeit und des Kirchenbrands dar. Arbeiten Sie dabei besonders das Verhalten und die Einstellung der Zeugin heraus.
- Erörtern Sie, welche Funktion dieses Gespräch im Kontext der Romanhandlung übernimmt.
- Verfassen Sie einen Brief der Zeugin an Michael Berg, in dem sie rückblickend die Gründe für ihr reserviertes Verhalten genauer darstellt.

Lösungsvorschlag

Gesprächsverlauf, Verhalten und Einstellung der Zeugin

- Aufgrund einer deutlich erkennbaren Zäsur, markiert durch das Aufstehen der Zeugin, ihr nachdenkliches Auf-und-ab-Gehen (202,21f.), ist das Gespräch in zwei Abschnitte gegliedert: Gesprächsthemen des ersten, förmlicheren Teils sind Hannas Vermächtnis und die damit verbundenen Konsequenzen sowie Michaels Beziehung zu Hanna. Im zweiten Teil entsteht, angestoßen durch Hannas Teedose, eine persönlichere Atmosphäre, in der über Hannas hinterlassenen Geldbetrag entschieden wird.
- Vor der Wiedergabe des Gesprächs zeichnet der Erzähler ein strenges Bild der Zeugin: Ton, Haltung, Gestik, Kleidung sind von äußerster Sachlichkeit, ihr Gesicht wirkt alterslos, als sei es geliftet (vgl. 200,27–30). Dementsprechend ist ihr Gesprächseinstieg abweisend: Offensichtlich glaubt sie nach Michaels einleitenden Informationen aufgrund ihrer Lebenserfahrung das Ziel seiner Mission erraten zu haben und fasst es selbst in Worte, ehe Michael darauf zu sprechen kommt. Sie vermutet, es gehe darum, Hanna gegen eine Geldspende die Absolution zu erteilen. Michael, der die Brisanz der Situation spürt, definiert Hannas Intention nun in seinem Sinne: Hanna wolle nur der durch ihre Haft vollzogenen Sühne einen Sinn geben und dafür Anerkennung finden (201,10–14). Das Kopfschütteln der Zeugin bleibt auch für Michael ohne eindeutigen Bezug (vgl. 201,15–17), wird aber von dieser nicht weiter erläutert. Offensichtlich spürt die Zeugin Michaels Betroffenheit und fragt überraschend („Sie mögen sie, nicht wahr?", 201,20) nach seiner Beziehung zu Hanna, worauf Michael selbstsicher und offen antwortet. Auch der Strategie der Zeugin, durch ihre Impulse die Antworten ihres Gegenübers bereits vorwegzunehmen, so als wisse sie bereits alles (vgl. 202,3–10), begegnet Michael schlagfertig und gelassen.

137

- Das Aufstehen der Zeugin, ihr Auf-und-ab-Gehen, gibt Michael die Gelegenheit, Hannas Scheck und die mit Geld gefüllte Teedose zu holen und damit Hannas Vermächtnis sinnlich wahrnehmbar zu machen. Die Zeugin erinnert sich an ihre eigene, im Lager entwendete Teedose, ein emotionaler Bezug, den sich Michael zunutze machen kann. Mit der Emotionalisierung des Gesprächs verändert sich die Stimmung: Zwar betont die Zeugin auch jetzt noch deutlich, eine Absolution weder erteilen zu können noch zu wollen, doch ist sie nun aufgeschlossen für eine einvernehmliche Lösung. Zum Zeichen dafür behält sie die Teedose.
- Die innere Einstellung der Zeugin zu den grauenvollen Ereignissen ihrer Kindheit ist durch deren Aufarbeitung und literarische Gestaltung gereift und gefestigt. Scheint sie zunächst noch verhärtet und abweisend, so findet sie schließlich doch einen emotionalen Zugang zu Michael, der sich ebenfalls als Hannas Opfer, wenn auch in anderer Weise, offenbart, und zu Hannas letztem Wunsch. Ihre Einschätzung von Hannas Schuld und Sühne wirkt konsequent.

Funktion des Gesprächs

- Unter dem Aspekt des Handlungsaufbaus kommt dem Treffen zwischen Michael und der Zeugin eine wichtige Funktion zu: Michael leistet dem Vermächtnis Hannas Folge und bringt damit Hannas Sühnehandlung zu einem Abschluss.
- Durch das Treffen Michaels mit der Zeugin werden noch einmal klare Bewertungen ausgesprochen: Gerade aufgrund ihrer Erfahrungen, ihrer Aufarbeitung der Vergangenheit und ihrer Distanz ist die Zeugin in ihrem abschließenden Urteil glaubwürdig. Sie ist die einzige außenstehende Person, die mit dem markanten Satz „Was ist diese Frau brutal gewesen" (202,3) zu Hannas Verhalten gegenüber Michael Stellung nimmt, auch noch einmal auf Michaels Minderjährigkeit zu Beginn der Liebesbeziehung verweist und seine Probleme mit späteren Liebesbeziehungen als zwangsläufig darstellt. Auch ist es nicht unerheblich, dass nach Michaels Besuch in der Justizvollzugsanstalt und dem ganz an Hannas Sicht orientierten Bericht der Anstaltsleiterin abschließend zu Hannas Sühnehandlungen noch einmal ein klares Urteil gesprochen wird: Die Zeugin weist jegliche Form der Absolution zurück (vgl. 203,14 f.). Sie ist auch nicht damit einverstanden, dass Hannas Geld für irgendetwas verwendet wird, das mit dem Holocaust zusammenhängt (vgl. 203,12–15), lässt sich aber darauf ein, dass Michael es einer jüdischen Organisation gegen den Analphabetismus zukommen lässt. Dass die Zeugin Hannas Sühnehandlungen in irgendeiner Form anerkennt, wird nicht ausgesprochen. Ihre Zustimmung zu Michaels Vorschlag, wie Hannas Geld zu verwenden sei, und das Behalten der Teedose könnten jedoch dafür sprechen.

Brief der Zeugin

Ein Brief der Zeugin an Michael Berg, in dem sie rückblickend ihr Gesprächs-verhalten noch einmal kommentiert und ihren Standpunkt klärt, könnte folgende Aspekte beinhalten:

- Erklärung ihres anfänglich distanzierten, ja abweisenden Verhaltens: Michael habe sich als Rechtshistoriker mit Fragen zu dem damaligen NS-Prozess angemeldet. Nach seiner Erzählung habe sie aber den Eindruck gewonnen, dass es ihm um eine Rehabilitierung von Hanna Schmitz gehe. Das habe sie in Alarmbereitschaft versetzt. Erst als sie erfahren habe, dass er selbst ein Opfer von Hannas Brutalität gewesen sei, habe sie Vertrauen zu ihm gefasst.

- Erklärung, weshalb sie Hanna eine Absolution verweigern müsse: Als Opfer von Hannas grausamem Verhalten bzw. dem der anderen Aufseherinnen habe sie die Unmenschlichkeit, mit der diese handelten, am eigenen Leib erfahren. Sie könne heute aus der Distanz darüber sprechen, weil sie die erlebten Schrecknisse durch die Niederschrift ihres Buches verarbeitet habe. Für sie sei aber klar, dass solche Verbrechen gegen die Menschlichkeit durch eine wie immer auch geartete Sühne nicht ungeschehen gemacht werden könnten. Dies müsse in jedem Einzelfalle gelten, auch dann, wenn anrührende persönliche Schicksale damit verknüpft seien.

- Erklärung zur Frage der Anerkennung von Hannas Sühneleistung: Sie glaube, zumindest durch ihr Verhalten deutlich gemacht zu haben, dass sie Hannas Sühnearbeit während der Haft Respekt entgegenbringe. Zu mehr sei sie angesichts der Tragweite von Hannas Schuld aber nicht in der Lage. Schließlich habe Hanna ja nicht den Mut bewiesen, sich der Welt zu stellen und in ihr eine Aufgabe zu finden. Mit ihrem Selbstmord sei Hanna vor der Verantwortung für ihr Handeln ausgewichen.

8 Kontroverse um den „Vorleser" („Die Sehnsucht nach einer ungeschehenen Geschichte" von Lawrence Norfolk)

Text

Die Sehnsucht nach einer ungeschehenen Geschichte

Warum Bernhard Schlinks Roman „Der Vorleser" ein so schlechtes Buch ist und allein sein Erfolg einen tieferen Sinn hat

Von Lawrence Norfolk („Süddeutsche Zeitung" vom 27. April 2002, S. 16)

Im März dieses Jahres wurden auf der Leserbriefseite einiger Nummern des Times Literary Supplement die Meriten von „Der Vorleser" diskutiert. Eine zornige Intervention des Romanciers und Philologen Frederic Raphael verdammte die „Ausgewogenheit zwischen den Belangen des Mörders und seines Opfers" in Schlinks Roman als eine „Form der
5 Kollaboration mit dem Bösen", und Schlink selbst als einen „bewussten Falschmünzer". Von drei Briefen im TLS der nächsten Woche teilten zwei Raphaels Ansicht, was den „Vorleser" betrifft („widerlich, weil es so gefällig gebastelt und so lesbar ist", „ein schlecht geschriebenes, sentimentales und moralisch unsägliches Buch"), während der dritte den auf dieser Leserbriefseite eher üblichen Standard olympischer Irrelevanz wahrte und sich
10 auf Sokrates bezog. In der Woche darauf folgte Jeremy Adler mit einer Analyse von „Der Vorleser" als „kulturelle Pornographie" und legte im einzelnen dar, wie der Roman seine literarischen Vorbilder verzerrt und mit welch kruden Verallgemeinerungen über Opfer und Unterdrücker er arbeitet: beides notwendige Voraussetzungen, damit die angeblichen moralischen Einsichten des Buches plausibel wirken.
15 Die Leser des „Vorlesers" sind reingelegt worden. Das ist, implizit oder ausdrücklich, die Behauptung von Schlinks Kritikern. Die begeisterten Leser glauben, sie würden das große moralische Verbrechen des zwanzigsten Jahrhunderts jetzt begreifen, aber tatsächlich wird ihnen nur erlaubt, ihre eigene Selbstgefälligkeit zu genießen. Doch wenn „Der Vorleser" nun etwas „Gefälschtes" ist, „widerlich", „schlecht geschrieben", wenn es sich bloß
20 um eine Dosis Holocaust Light handelt – warum gefällt das Buch so vielen Leuten? Ich glaube, dieser Umstand ist es, der den Zorn der schärfsten Kritiker des Buches nährt. Es ist schwer vorstellbar, dass dasselbe Buch dieselbe Empörung auslösen könnte, wenn es das Schicksal der meisten Romane (auch authentischer, wunderbarer, gut geschriebener Romane) geteilt hätte: spurlos zu versinken. Das tat es nicht. Aber weshalb?
25 Das Rückgrat des Buches bildet die Liebesgeschichte, und sie ist auch seine größte technische Leistung. Hier lag Schlinks Problem. Er muss das Liebesverhältnis so weit vorantreiben, dass die Sympathien des Lesers stark genug geworden sind, um sie nicht zurückzuziehen, wenn er erkennt, dass die Geliebte eine KZ-Mörderin ist. Also ist das Buch eine Übung in Verzögerungstaktik und erzählerischer Zeitplanung. Wann soll die
30 Explosion erfolgen? Die plötzliche Distanzierung von der Frau bei der Enthüllung ihrer

Wahrheit ist natürlich ein Täuschungsmanöver. Der Rest des Buches dient der Wiederannäherung an die Heldin in ihrer neuen Inkarnation als Analphabetin im Büßergewand. Dass sie ins Gefängnis kommt, ist hilfreich, aber ihr innerer Opferstatus kann erst mit dem Höhepunkt des Buches überzeugend behauptet werden.

35 Die strukturelle Integrität von „Der Vorleser" ist so solide wie die des Parthenon, aber das ist die einzige Integrität, die das Buch besitzt. Es ist, wie die Kritiker im einzelnen dargelegt haben, historisch ungenau und moralisch unwahrscheinlich. Es manipuliert uns Leser an einen Punkt, wo wir Mitleid für ein Ungeheuer empfinden, und fordert uns dann heraus: Wagt ihr es, euch moralisch überlegen zu fühlen? Aber wer sind wir denn, dass
40 wir diese Frau verurteilen dürften? Wir haben den Vorteil, dass wir lesen können. Wenn sie nur auch hätte lesen können, dann wäre nichts von all dem Schlimmen geschehen. Dieser verführerische Gedanke spielt brillant-zynisch mit der liberalen Lieblingsvorstellung, dass eine gute Bildung den Menschen moralisch besser macht.
Ich muss gestehen, dass ich ebenfalls in Versuchung bin. Mir gefällt der Gedanke einer
45 Revision der Geschichte, die brutale SS-Offiziere zu Heiligen werden lässt, indem sie lernen, die Odyssee zu lesen. Das ist das eigentliche Thema des Romans: Es hätte doch alles auch ganz anders sein können. Er handelt von der Sehnsucht eines Millionenpublikums am Ausgang des zwanzigsten Jahrhunderts nach einer ungeschehenen Zeitgeschichte. Hier ist Schlinks Buch absolut wahr. Die einzige Lüge steckt im Titel: Er hätte
50 „Die Leser" lauten müssen.
Oder „Die englischen Leser". Großbritannien ging voran, die Amerikaner folgten. Wir haben das, was das Buch ist, verwechselt mit dem, was es sagt. Es ist offenkundig eine Satire auf die moralische Naivität seiner englischsprachigen Fans. So muss es sein. Sonst gibt es keinen Sinn. Aber weder die Fans noch die Kritiker haben es so gelesen. Daher die
55 Verwirrung und die Wut.

Der Schriftsteller Lawrence Norfolk wurde 1963 in London geboren. Auf Deutsch erschien von ihm bei Knaus zuletzt der Roman „In Gestalt eines Ebers" (2001), übersetzt von Joachim Kalka.

Aufgabenstellung

8.1 Stellen Sie den Aufbau und die Argumentation des Textes dar.

8.2 Setzen Sie sich vor dem Hintergrund Ihrer Kenntnis des Romans mit den zentralen Argumenten des Textes auseinander.

Lösungsvorschlag

Aufbau und Argumentation

- Kontext der Kritik (1–14): Im Rahmen einer Einleitung fasst der Autor die im März 2002 in England entstandene Kontroverse um Schlinks „Der Vorleser" zusammen und gibt stichwortartig einen Überblick über die erhobenen Vorwürfe. Sie beziehen sich in polemischer Form auf den Stil und die Machart des Romans, auf eine angebliche Sympathie für die Mörder und, damit verbunden, eine Geschichtsfälschung.

- Entwicklung einer Leitfrage (15–24): Daran schließt der Verfasser die Frage an, weshalb denn der Roman von so vielen Menschen gelesen worden sei, wenn er den Leser doch nur in Selbstgefälligkeit wiege, statt ihm die Vergangenheit begreiflich zu machen.

- Aufbau einer eigenen Argumentation (25–34): In Beantwortung der Frage gesteht er dem Roman zunächst zu, dass der Aufbau der Liebesgeschichte eine geschickte Verzögerung von Hannas Enttarnung sei, der Rest des Buches diene aber ihrer Stilisierung zur „Analphabetin im Büßergewand", das Ende erhebe sie in den Status eines Opfers.

- Fortführung der Argumentation (35–43): Lediglich strukturell sei der Roman makellos, historisch aber ungenau und moralisch unwahrscheinlich. Der Leser werde dazu verführt, Mitleid mit einem „Ungeheuer" zu haben und kritiklos zu werden. Es müsse der Eindruck entstehen, dass eine bessere Bildung die begangenen Verbrechen hätte verhindern können. Dies würde bildungsbürgerlichen Vorstellungen entgegenkommen.

- Ironische Pointierung der Argumentation (44–55): Mit einer Wendung auf sich selbst gesteht der Verfasser, auch ihm sei eine Geschichtsrevision sympathisch, bei der SS-Offiziere durch literarische Bildung zu Heiligen würden. Thema des Romans sei eigentlich – und damit wird der Titel des Artikels aufgegriffen – die Sehnsucht des Lesepublikums, insbesondere des englischen und amerikanischen, nach einer „ungeschehenen Zeitgeschichte". Die Sehnsucht des Lesers sei also das wirkliche Thema, der Roman müsse eigentlich „Die Leser" heißen. Er erklärt mit deutlichen Ironiesignalen die gegenwärtige Verwirrung und Wut der Leser damit, dass keiner erkannt habe, dass der Roman eine „Satire auf die moralische Naivität seiner englischsprachigen Fans" sei.

Aspekte einer kritischen Auseinandersetzung

Im Rahmen einer kritischen Auseinandersetzung könnten folgende Argumente des Verfassers erörtert werden:

1. Das Argument, dass mit Hannas Enttarnung als NS-Verbrecherin und der dadurch ausgelösten Distanzierung im weiteren Verlauf ein Prozess der Annäherung an Hanna in ihrer neuen Rolle als büßende Analphabetin beginne, die zuletzt in die Rolle des Opfers gerate (29–34).

2. Das Argument, dass der Leser so manipuliert werde, dass er Mitleid für ein Ungeheuer empfinde, was ihn daran hindere, Hanna zu verurteilen. Der Leser werde mit dem Eindruck entlassen, dass bei entsprechender Bildung die Verbrechen nicht hätten geschehen können (38–43).

3. Das Argument, es finde im Roman eine Revision der Geschichte statt, indem eine NS-Verbrecherin zur Heiligen stilisiert werde. Dies käme der Sehnsucht der Leser nach einer ungeschehenen Zeitgeschichte entgegen.

4. Das Argument, der Roman sei offensichtlich eine Satire auf die „moralische Naivität seiner englischsprachigen Fans" und müsse eigentlich „Die Leser" heißen (52 f.).

Zu 1.

Es lässt sich nicht bestreiten, dass Hanna Schmitz spätestens mit dem engagierten Bericht der Gefängnisleiterin über ihr Verhalten während der Haft, über ihre konsequent betriebene Alphabetisierung, über die Aufarbeitung wissenschaftlicher Literatur zur NS-Zeit und von Berichten der Opfer wie Täter, über ihr vorbildliches Verhalten gegenüber den Mitgefangenen sympathische Züge zeigt. Dies unterstützt auch ihr Vermächtnis, das die Opfer mit einer Geldsumme von gewiss auch symbolischem Wert bedenkt. Dem lässt sich entgegenhalten, dass Hanna vom Beginn des Romans an („Die Frau, die sich meiner annahm, tat es fast grob", 6,9) mit äußerst ambivalenten Persönlichkeitsmerkmalen ausgestaltet wird. Ihre Beziehung zu Michael ist gleichermaßen von Zuwendung wie von Dominanz, Unterdrückung und Brutalität geprägt. Die Szene, in der sie Michael mit einem Riemen ins Gesicht schlägt, weckt Assoziationen zum menschenverachtenden Verhalten von KZ-Aufsehern und bleibt dem Leser nachdrücklich in Erinnerung. Auch ihr Verhalten im Verlauf des Prozesses erweist sich als starr, uneinsichtig und unbeugsam. Dies zeigt sich auch zuletzt noch, als sie bei der Urteilsverkündung ein Kostüm wählt, das dem einer KZ-Aufseherin ähnelt und das bei den Zuschauern lautstarke Empörung auslöst. Dass sie schließlich trotz ihrer Sühnearbeit während der Haft von der jüdischen Zeugin in New York nicht rehabilitiert wird, die trotz eines gewissen menschlichen Entgegenkommens in ihrer Ablehnung hart bleibt, betont noch einmal deutlich, dass Hannas Verbrechen nicht ungeschehen gemacht werden können.

Zu 2.

Der Vorwurf, Schlink würde den Leser „manipulieren", lässt sich nur schwer aufrechterhalten. Literatur ist immer auch eine Einladung an den Leser, sich in die Welt des Textes zu begeben und mit den handelnden Personen mitzufühlen. Gleichzeitig ist es überzogen, Hanna als ein „Ungeheuer" zu bezeichnen. Der Roman ist eben gerade nicht so angelegt, dass die Figuren in rundum gute oder eindeutig schlechte Menschen gruppiert werden können, und bedient keine Klischees. Hannas Analphabetismus, vor Gericht offenbart, hätte ihr Strafmaß zwar mildern können, nicht aber ihre moralische Schuld. Dass ihre moralische Urteilsfähigkeit nicht weit ausgebildet ist, hängt mit der fehlenden Lese- und Schreibfähigkeit sicher zusammen, Verbrechen gegen die Menschlichkeit auf einer so grundsätzlichen Ebene lassen sich damit aber nicht entschuldigen. Dass auch eine moralische und ästhetische Bildung Verbrechen nicht verhindert, zeigt die Geschichte der Menschheit zur Genüge, hier zeichnet der Verfasser ein zu naives Bild des Lesers.

Zu 3.

Hanna wird im Verlauf des Romans weder als Ungeheuer stigmatisiert noch als Heilige glorifiziert. Es wird die Geschichte eines Jungen entwickelt, der sich in die Liebe zu einer älteren Frau verstrickt, die er später als NS-Verbrecherin vor Gericht wieder trifft. Dies hat zur Folge, dass er sich auf eine für ihn sehr qualvolle Aufarbeitung von NS-Verbrechen einlassen muss, qualvoll deshalb, weil er sich durch seine ehemalige Liebesbeziehung zu dieser Verbrecherin in den Schuldzusammenhang einbezogen fühlt. Im weiteren Verlauf wird aus seiner Sicht dargestellt, welche Schwierigkeiten er als Vertreter der Folgegeneration bei der Konfrontation mit den NS-Verbrechen zu bewältigen hat, wie er mit den Schuldgefühlen unterschiedlichster Genese umzugehen versucht. Damit entfaltet der Roman Einzelschicksale, mit denen gewiss exemplarische Aspekte verbunden sind. Er gibt aber an keiner Stelle vor, die Geschichte der NS-Zeit aufzuarbeiten, geschweige denn umdeuten zu wollen. Im letzten Kapitel reflektiert der Ich-Erzähler noch einmal ausführlich über den Schreibprozess und seine Intentionen. Er bezeichnet es als seinen Vorsatz, Hannas und seine Geschichte aufzuschreiben, und zwar zunächst um diese Geschichte loszuwerden, dann schließlich, nachdem er seinen „Frieden mit ihr" gemacht hat, um sie „Detail um Detail" (206,10 f.) zu erinnern und festzuhalten. „Der Vorleser" – bereits der Titel verweist darauf – ist eine individuelle Geschichte, die an zwei Lebensschicksalen dokumentiert, wie konfliktreich sich die Auseinandersetzung der Folgegeneration mit den NS-Verbrechen gestalten kann, insbesondere dann, wenn Verflechtungen mit den Tätern diesen Prozess belasten.

Zu 4.

Mit diesem deutlich ironisch überspitzten Argument wendet sich der Verfasser gegen die Leser und Literaten, die die Debatte über Schlinks Roman angezettelt haben. Diesem humoristischen Schluss kann man eigentlich nur zustimmen.

Literaturhinweise

Zu Schlinks „Der Vorleser" allgemein

Greese, Bettina/Peren-Eckert, Almut: Bernhard Schlink, „Der Vorleser". Unterrichtsmodell. Mit Beiträgen von Sonja Pohsin. Neubearbeitung. Paderborn: Schöningh, 2000

Köster, Juliane: Bernhard Schlink: „Der Vorleser" (1995) – Eine Interpretation für die Schule. In: Der Deutschunterricht, 4/1999. S. 70–81

Köster, Juliane: Bernhard Schlink: „Der Vorleser", München: Oldenbourg, 2000

Moers, Helmut: Bernhard Schlink, „Der Vorleser". Interpretationshilfe Deutsch. Freising: Stark, 1999

Zur Thematik Liebe und Schuld

Freud, Sigmund: Das Unbehagen in der Kultur. Studienausgabe Bd. IX. Frankfurt a. M.: Fischer, 1974. S. 191–270

Freud, Sigmund: Trauer und Melancholie. Studienausgabe Bd. III. Frankfurt a. M.: Fischer, 1974. S. 193–212

Kant, Immanuel: Die Metaphysik der Sitten. Werke in sechs Bänden. Hg. von Wilhelm Weischedel. Bd. IV. Darmstadt: Wiss. Buchgesellschaft, 1998. S. 303–634

Laplanche, J./Pontalis, J.B.: Das Vokabular der Psychoanalyse. Frankfurt a. M.: Suhrkamp, 1972

Die Vergangenheit vor Gericht

Blatman, Daniel: Die Todesmärsche – Entscheidungsträger, Mörder und Opfer. In: Herbert/Ort/Dieckmann, S. 1065–1092

Giordano, Ralph: Die zweite Schuld oder Von der Last Deutscher zu sein. Hamburg, Zürich: Rasch und Röhring, 1987

Goldhagen, Daniel Jonah: Hitlers willige Vollstrecker. Ganz gewöhnliche Deutsche und der Holocaust. Berlin: Siedler, 1996

Grabitz, Helge: Die Verfolgung nationalsozialistischer Gewaltverbrechen aus der Sicht einer damit befassten Staatsanwältin. In: Weber/Steinbach, S. 84–99

Herbert, Ulrich/Orth, Karin/Dieckmann, Christoph (Hg.): Die nationalsozialistischen Konzentrationslager – Entwicklung und Struktur. 2 Bde. Göttingen: Wallstein, 1998

Hey, Bernd: Die NS-Prozesse – Probleme einer juristischen Vergangenheitsbewältigung. In: Weber/Steinbach, S. 51–70

Renz, Ulrich: Lauter pflichtbewußte Leute. Szenen aus NS-Prozessen. Köln: Bund, 1989

Rückerl, Adalbert: Die Strafverfolgung von NS-Verbrechern 1945–1978. Eine Dokumentation. Heidelberg, Karlsruhe: C. F. Müller, 1979

Rückerl, Adalbert: Staatsanwaltliche Ermittlung der NS-Verbrechen – Schwierigkeiten und Ergebnisse. In: Weber/Steinbach, S. 71–83

Schoeps, Julius H. (Hg.): Ein Volk von Mördern? Die Dokumentation zur Goldhagen-Kontroverse um die Rolle der Deutschen im Holocaust. Hamburg: Hoffmann & Campe, 51997

Weber, Jürgen/Steinbach, Peter: Vergangenheitsbewältigung durch Strafverfahren? NS-Prozesse in der Bundesrepublik Deutschland. München: Olzog, 1984 (Akademiebeiträge zur politischen Bildung, hg. von der Akademie für politische Bildung, Tutzing. Bd. 12)

Analphabetismus und Unmündigkeit

Döbert, Marion/Hubertus, Peter: Ihr Kreuz ist die Schrift. Analphabetismus und Alphabetisierung in Deutschland. Hg. vom Bundesverband Alphabetisierung e.V. Münster. Stuttgart: Klett, 2000

Hoffmann, Wolfgang u.a. (Hg.): Analphabetismus. Das Recht auf Lesen und Schreiben für Erwachsene. Frankfurt a. M.: Interkulturelle Kommunikation, 1992

Gündisch, Konrad: Siebenbürgen und die Siebenbürger Sachsen. München: Langen-Müller, 1998; http://www.sibiweb.de/geschi/siebsach.htm

Kant, Immanuel: Beantwortung der Frage: Was ist Aufklärung? Werke in sechs Bänden. Hg. von Wilhelm Weischedel. Bd. VI. Darmstadt: Wiss. Buchgesellschaft, 1998. S. 51–61

Kohlberg, Lawrence: Zur kognitiven Entwicklung des Kindes. Frankfurt a. M.: Suhrkamp, 1974

Zur Erzählweise

Stanzel, Franz K.: Theorie des Erzählens. Göttingen: Vandenhoeck & Ruprecht, 1979

Ueding, Gert/Steinbrink, Bernd: Grundriss der Rhetorik. Geschichte, Technik, Methode. 3. überarb. u. erw. Auflage. Stuttgart, Weimar: Metzler, 1994

Rezensionen

Fuld, Werner: Drama eines zerstörten Lebens. Die Überraschung des Herbstes – Bernhard Schlinks kriminalistische Erforschung einer rätselhaften Liebe und bedrängenden Schuld. In: Focus (München) vom 30. 09. 1995

Hage, Volker: Der Schatten der Tat. In: Der Spiegel (Hamburg) vom 20. 11. 1995

Klingenmaier, Thomas: Eine Liebe in Deutschland. In: Stuttgarter Zeitung vom 22. 11. 1995

Kühner, Claudia: Ein Buch geht um die Welt. Bernhard Schlinks „Der Vorle-ser" erobert als erster deutschsprachiger Roman auch amerikanische Best-sellerlisten. In: Die Weltwoche (Zürich) vom 01.04.1999

Löhndorf, Marion: Die Banalität des Bösen. Bernhard Schlinks Roman „Der Vorleser". In: Neue Zürcher Zeitung vom 28.10.1995

Moritz, Rainer: Die Liebe zur Aufseherin. Bernhard Schlinks Roman „Der Vorleser" – ganz einfach ein Glücksfall. In: Die Weltwoche (Zürich) vom 23.11.1995

Stolleis, Michael: Die Schaffnerin. Bernhard Schlink lässt vorlesen. In: Frank-furter Allgemeine Zeitung vom 09.09.1995

Stichwortregister